一日がしあわせになる朝ごはん

料理 小田真規子
文 大野正人

文響社

今までの朝ごはんは

おいしさよりも手軽さだよね
食べる気になれない
パンだとお昼までもたない
朝からお菓子なんて変
めんどくさい
コンビニで適当に買う
昨日の残りものでいっか
目玉焼きには絶対ソースだ
会社で食べるからどうでもいい

抜いちゃ
ダメなもの
食べないほうが
いいっていう
意見もある
ヨーグルトに
限る
食パンに
限る
栄養バランス
考えなきゃ
夕食ちゃんと
食べてるから
大丈夫
お腹
減って
ないよ
朝から
麺を
食べるの？

すべて忘れてください

起きるのが待ち遠しくなる朝ごはんを食べよう

何をするときでも、最初の一歩がいちばん怖くて、しんどい。
これは、朝も同じ。
ふとんという安住の地で、いつまでも包まれていたい。
でも、そんなことは許されない。
だから、あなたは、ふとんからしぶしぶ這い出る。
これは、小さいけれど大きな「踏み出す努力」です。
でも、もし、この踏み出す努力が、前向きなものだったらどうでしょう？
目が覚めたら、パッとふとんから出たくなる。
こんなさわやかに、朝がスタートできたなら、

きっと、いやなことより、すてきなことを感じられる一日になるでしょう。

前向きにふとんから出る。それを現実にしてくれるのが朝ごはんです。

「あの甘くてフルーティーないちごジャムで、香ばしいトーストを食べたいな」

「昨日漬けた、あのフレンチトースト。しっかり染み込んでくれたかな?」

そう。朝ごはんが楽しみになれば、

ふとんから這い出ていた毎日が、飛び出る毎日に変わるのです。

「むりやり起きて、今日も生きなきゃならない」義務的な一日か、

「気持ちよく起きて、今日も生きよう」という能動的な一日か。

コントロールするのは、あなた自身です。

そして、その一日の積み重ねは、いつか振り返ると「人生」になっています。

朝が苦手な方の「起きる」を、もっと軽やかに、楽しくする。

気持ちよく起きた朝から始まるすてきな一日を、たくさん作る。

そのお手伝いをするのが、本書の朝ごはんです。

ものすごいことなんてしなくても、魔法なんて使わなくても、

自分の手で作れる、確実なしあわせがある。

朝ごはんは、いちばん、自由だ

朝ごはんを食べる習慣がない方や、今まで「食べなきゃ」と義務感で食べていた方は、「そもそも、起きるのが待ち遠しい朝ごはんって何？」と思われるかもしれません。

たとえば小さいころの遠足みたいに、楽しみなイベントの前日は、「早く明日が来ないかな」とわくわくして目を閉じませんでしたか？　朝ごはんも同じです。「明日の朝、あれ食べよ」と、ちょっとにやけながら眠りにつく。そんなふうに、自分の心と体が喜ぶものなら、パフェだって、ラーメンだって、カツ丼だっていいんです。ごはん３杯食べたって大丈夫。朝に摂った栄養は、寝るまでにはしっかり消化できるから。

そう、朝ごはんは、昼ごはんや夜ごはんに比べて、ずっと自由な食事です。もちろん栄養も大事かもしれませんが、まずは、自分が「早く起きたい！」と思えるくらい食べたいものを、用意してください。

本書では、みなさんが朝を待ち遠しく思えるよう、さまざまなアイデアを集めました。自分の気分が盛り上がるのはどんな朝ごはんか、ぜひ自由に探してみてください。

現実的な しあわせをくれる、朝ごはんの効能

体のあらゆるスイッチをオンにする

寝ている間に失われた水分を補い、腸に仕事を与えるので、お通じもすっきり。脳のエネルギーである糖分を補えば、頭が冴えて午前中も集中でき、動きも軽くなります。「元気」でいることって、やっぱりしあわせです。

前日の感情をリセットできる

怒りや悲しみは、睡眠と喜びで緩和されます。眠ることで副交感神経が優位になり、心が穏やかになります。そこに、楽しい朝ごはんがある。という喜びがプラスされれば……。前日の怒りや悲しみは、夢の中に閉じ込めてしまうことだって可能です。

空間を目覚めさせる

朝、寝ぼけ眼なのは、あなただけではありません。あなたがいる部屋もまだ、ぼんやりしています。そこで、朝ごはんです。立ち上る湯気と芳香。これらが窓から差し込む陽光と混ざると、部屋には、元気な朝の空気が立ち込めます。この空気に触れるだけでも、一日を乗り切る活力をいただけます。

おいしさや季節を感じやすくなる

朝は、空気も澄んで、鼻も舌も冴える、まっさらな状態。だからたとえば、夜食べる桃より朝食べる桃のほうが、甘みや香りを強く捉えられます。四季が感じにくくなった現代、旬のフルーツや野菜を朝に食べると、季節を自分に取り込めますよ。

コミュニケーションの機会が増える

本書は、いわば、朝ごはんのおいしいアイデア集。もちろん、一人で食べても楽しいけれど、家族のために朝ごはんを作っている人は、毎日バラエティに富んだごはんを食卓に並べられます。楽しさは、コミュニケーションの潤滑油。あれ？ 前より笑顔が増えてません？

本書は、朝ごはん最大の敵「めんどくさい」と戦います

とはいえ、朝ごはんを作るには、ひとつだけ、大きなハードルがあります。それが「めんどくさい」という気持ち。朝は誰もが忙しい時間。そこから目を背けず、本書では、左にあるような条件を考えながら、レシピを作りました。

朝は時間をかけたくない

↓

平日は5分以内で作れます

朝からおいしいものが食べたい、とはいっても、そんなに時間をかけられないのが現実。ササッと作れるのにこんなにおいしいの⁉ という驚きが得られる平日5分以下の簡単レシピを中心に、休日や前日の夜に、ゆっくり作りたいレシピも載せました。

私、ズボラーさんといいます。
超めんどくさがりやです。
すみません。すみません。

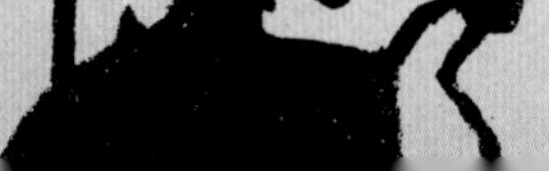

あと片付けがダルい…

↓

洗いものを減らす工夫をしました

包丁やまな板を使わず、食材を手でちぎったり、鍋を使わないで作ったり。洗いものが最小限になるよう工夫しました。本書のページ下に時折入る「ズボラーさんの平謝り」コーナーでは、ズボラーさんが洗いものを出さないよう必死に格闘している姿が、よく描かれています。

そもそも、何も作りたくない

↓

作ってみたくなるコンセプトがあります

つい、買ったものだけですませがちな朝。でも、作りたいテンションが盛り上がる「ひと工夫でおいしい」アイデアがあるので、きっと自分で作りたくなると思います。また、朝は何もしなくても、前日に仕込んでおいたものを食べるだけ、といった「調理0分」アイデアも。

本書の使い方

夜、寝る前に読んでいただくのがおすすめです

「明日の朝、何かおいしいものを食べよう」
この気持ちにまさる「目覚まし」はありません。
今日疲れたなあ、しんどいことがあったなあ、という日こそ
それを忘れて明日の朝ごはんのことを考えてみてはいかがでしょう。
もし、想像しながらお腹がすいても、ちょっとだけ我慢してください。
眠りにつけば、朝は一瞬でやってきますから。
きっと、その空腹感は、明日の朝、
気持ちよく飛び起きるためのエンジンになるはずです。

［本書のレシピについて］

・本書に表示した大さじ1は15mℓ、小さじ1は5mℓ、1カップは200mℓです。
・作り方の中に「フタをする」という表記がない場合は、フタをせずに調理してください。
・「ペーパー」という表記は、ペーパータオルのことです。
・レシピ中に「フライパン（20cm）」と書いてある場合、使用しているのは直径20cmのフライパンです。おもにフライパンは20cmと26cm、鍋は16cm、18cm、20cmを使います。
・火加減と加熱時間は、料理の仕上がりを左右する大事な要素。そのため、わかりやすいよう、おもに赤字になっています。
・調理時間は目安です。「ササッと」マークは5分以下で作れる、平日におすすめのメニュー。「ゆったり」マークは6分以上で作る、休日や前日におすすめのメニューです。
・電子レンジの加熱時間は600Wを基準にしています。500Wの場合は加熱時間を約1.2倍にしてください。機種やメーカーによって差があるので様子を見ながら調節してください。

生命力が体に満ちる、卵の朝ごはん

毎日やるべき何かに追われて、自分が生きていることを実感しづらいこの時代。

あなたにたっぷりの生命力を注ぎ込むのが、卵の朝ごはんです。

卵には、命を育てるための栄養素がギュッと詰まっています。

つまり卵は命そのもの。考えようによっては、こんな贅沢な食事はありません。

しかも朝は、寝ている間に、夕食で摂ったエネルギーや栄養素が代謝されたあとだから、もっとも栄養を欲する時間帯。

そう、卵の朝食は、生命力を補え、タイミングもよい、すばらしい食事なのです。

でも、卵を食べて特別なしあわせを感じる人は、あまりいませんよね？

これは、たぶん、卵の扱いや味に慣れすぎているせいだと思います。

そこで、これから紹介する卵の朝ごはんレシピです。

変わったものはありませんが、少しだけ味や見た目をおいしくするコツを含めました。

作ったあとは、はじめて卵を食べる人の気持ちになって味わってみてください。

ちょっとしたコツと気持ちで、これまで慣れ親しんできた卵は生まれ変わります。

きっと、ささやかながらも、確かなしあわせを見つけることができると思います。

卵の朝ごはんのメリット

・卵は、タンパク質を構成するアミノ酸の組成が理想的。「プロテインスコア」というタンパク質の質を評価する値が高く、体へのタンパク質の吸収率がもっとも高い。
・ビタミン、ミネラルなどの栄養素をバランスよく含む。抗酸化物質も多く免疫力を高める効果も。

曇り空の日が晴れになる

太陽の目玉焼き

朝起きるとあいにくの曇り空。そんな日こそ、雲のすき間から一瞬のぞいた晴れ間がうれしく感じられるものです。

そんな、ふと笑みがこぼれる喜びを味わえるのが、何と言っても目玉焼き。

フライパンを火にかけて1分、まだ「ぬるい」温度のうちに卵を投入します。スプーンなどで、卵が固まる前に黄身の位置を調整。これで、黄身が真ん中で輝く、太陽のような目玉焼きが作れます。

光がないなら自分で作る。

そんな力強い朝ごはんです。

ササッと3分

材料（1人分）

- 卵…1個
- サラダ油…小さじ1
- 塩…少々

作り方

①フライパン（20cm）に油を入れて、中火で1分熱する。

②卵を割り、フライパンの中央にそっと流す。黄身の位置が真ん中にくるよう調整する。

③白身が固まり、縁に焼き色がつくまで、1分30秒〜2分動かさずに焼く。そっと卵を取り出す。塩やしょうゆを振っていただく。

「目玉焼きにはしょうゆでしょ」などと、お決まりの調味料がある方も多いと思いますが、この機会に、ちょっと冒険。意外とハマる味付けに出合えるかも。

ズボラーさんの平謝り

お皿を洗うのがめんどうな日は、ごはんの上に目玉焼きをのっけて「目玉焼き丼」に。
これで食器の洗いものはお茶碗だけ。でもすぐに、卵とごはんを混ぜちゃうので、「丼」の期間は一瞬で、
ただの「混ぜごはん」と化す。でもいいの。それもおいしいから。

目玉焼きコレクション

あの、今日、晴れてるんですけど…

焼き方を変える

蒸し焼き

軽く焼いたあと、水をさしてフタをした蒸し焼き。うっすら黄身に膜が張り、全体的に白くプルンと仕上がる純白の魅力。そして、ひとたび箸を入れれば、黄身が流れ出す色彩の美しさが魅力。

ターンオーバー

片面焼き（サニーサイドアップ）が主流となっている今だからこそ、あえての両面焼き。あの、黄身のホクホク感は、黄身をつぶしてしっかり焼いたからこそ味わえるおいしさ。

半分折り

目玉焼きを半分に折っただけ。でも、これが意外と変わるんです。折ったあとに上下からしっかり熱が加わるから、黄身のしっとり感がアップ。お箸ではさんでかじれる気軽さも◎。

カリカリ焼き

多めの油で揚げ焼き。すると、白身の縁が香ばしい「食感系目玉焼き」に。白身のカリカリ、黄身のとろとろ、そして、黄身と白身が混ざってしっとり。アジア系の料理にもぴったりです。

メタ・コレ

相手を変える

パンで四面楚歌

パンを4つに切って、その真ん中に卵をポトリ。パンで中央の卵をすくって食べる、見た目も食べ方も新しい目玉焼き。トーストと目玉焼きを同時に作れるというメリットも。

パプリカに囲まれて

大きめのパプリカを手に入れたときはコレ。ちょっと物足りない小さな卵でも、こうすれば誰もが喜ぶメニューに。パプリカの甘みは、ソース、しょうゆ、塩こしょう、すべてと相性抜群。

トマトソテーとともに

トマトは焼くことでうまみが増します。また、卵に足りない栄養をトマトが補ってくれるので、栄養バランスもいい組み合わせ。でも、何と言っても見た目の美しさがいちばん。

ベーコンエッグスタンダード

なぜ今さら、こんなド定番を紹介するのか。その理由は、やっぱりおいしいから。ちなみに写真のようにWベーコンWエッグなら、ボリューム満点で、炭水化物を摂らなくても昼まで持つかも!?

ホテルの朝食みたいにとろとろ

スクランブルエッグ

部屋にただようバターの香り。フォークではすくえないほど、とろとろの卵。朝からこんな一皿がいただけたら、心がしあわせで満たされそう。なんて思いませんか？

はい、満たしましょう。ポイントは「余熱」。卵を入れて混ぜたら、火を止めます。あとはフライパンに残った熱で、ゆっくり卵を固めていくのです。

卵は、思いのほか早く火が入ります。だから「炒める」ではなく「まどろむ」感じでかき混ぜると、極上のクリーミーさに仕上がりますよ。

材料（1人分）

・卵…2個

A 牛乳…大さじ1
塩…少々
こしょう…少々

・サラダ油…小さじ1

・バター…10g

ササッと4分

作り方

①ボウルに卵を割り入れ、卵白を切るように30回ほど混ぜ、Aを加える。

②フライパン（20㎝）に油を中火で熱し、バターを入れる。バターが半分ほど溶けたら、高めの位置から卵液を注ぐ。

③10秒そのまま、まわりが固まってきたらゴムべらで大きく10回ほど混ぜる。火を止めてさらに5〜10回大きく混ぜ、余熱でお好みに火を通し、皿に盛る。

"添えパン"で決める本日の決意

おまじない感覚で、「添えパン」を決めてみてはいかがでしょう。「今日はこんな自分でいよう」と決意するだけで、その意識を一日保てるかもしれません。

誰にでも優しくできる一日に
白パン

言わずと知れた「ハイジの白パン」。ふわふわの口当たりで、やわらかく心をほどいてくれます。自分の中から思いやりがあふれてくる食感と味わいです。

感情をすぐ切り替えられる一日に
薄焼きトースト

8枚切りの食パンを軽く押さえて、しっかり焦げ目がつくまで焼きます。サクサクした食感が気持ちを軽くして、区切りをつけてくれるイメージです。

強い気持ちでいられる一日に
ライ麦パン

ちょっと固めのライ麦パンをトーストして、しっかり噛んで食べます。卵のやわらかさとパンの固さが絶妙にマッチ。一噛みごとに、力強さがわいてきます。

"一流"ホテルのスクランブルエッグに

追いバターエッグ

作り方③で、ゆるいとろみが出てきたら、お好みの量のバターをプラス。バターの香りが強まるだけで、高級感が格段にアップします。

さらに三つ星級

材料の牛乳を、生クリーム大さじ2に替えると、より濃厚になります。さらに、卵黄を1個分加え、耳なしのトーストにのせれば高級レストランの一品へ。

いちばん好きな固さはどれ？

私のゆで卵

「ごはんを食べる時間がない！」。そんなときでも、片手で食べられるゆで卵。

固ゆで、半熟。ゆで加減によって、食感も味わいも変わります。みなさんもそれぞれ好きな固さがありますよね。

そこで、時間ごとの卵のゆで加減を一覧にしました。前日に作っておけば、朝は殻をむくだけで食べられます。

今日はどの子にしようかなー？

ゆで時間
7分
6分
Choose me！
私を上手にむけるかしら？
誰かがそばにいないとさみしいの…

殻のむきづらさに比例した、心とろけるおいしさ。ちょっと生意気。

黄身が生っぽいので、パカッと割ってサラダにのせても美味。

また、6分で1つ、7分で1つ、と卵を順に取り出すと、5種類のゆで加減に仕上がります。これで朝からゆで卵ロシアンルーレット。

材料（作りやすい量）

ゆったり 6分 以上

- 卵…5〜6個
- 塩…小さじ$\frac{1}{2}$
- 酢…小さじ1

作り方

①**前日に** 卵は冷蔵庫から出し、常温においておく。

②鍋（18cm）に約5カップの熱湯をわかし、塩、酢を入れる。

③お玉に卵をのせ、②に静かに入れる。中火にしてここから時間をはかり、お好みのゆで時間になったら引き上げ、冷水にとって冷ます。

塩卵の作り方

10%の塩水を作る。水（4カップ）と塩（大さじ4）を鍋に入れて煮立たせ、中火で1分煮て火を止める。粗熱がとれたら生卵（10個）を入れる。1週間後から食べられる。冷蔵庫で2か月持つ。

「塩卵」って何？

ゆでるだけで味付きゆで卵になる、塩味の卵。

12分
10分
8分
ハードにボイル。それが俺にふさわしい
じつは俺がいちばん好きなんだろ？
今、もっとも愛されるのが私…

固ゆで卵。シンプルに塩のみで。ハードボイルドにいただきましょう。

黄身がほどよいやわらかさ。サンドイッチにはさんでもイケます。

ほどほどの半熟。片手でも食べやすい、最強のゆで加減。

ズボラーさんの平謝り

私は10分のゆで卵が好き。だって、固めのゆで卵は、水を入れた鍋に卵を入れて、フタをしてガシャガシャ振るだけで殻がむけるんだもん。そうなの。おいしさが20%上がるより、手間が10%下がることのほうが私の喜びなの。悪い？

スプーンを入れると「ぱつん」

はじけるオムレツ

外側が、ぱつんとはじけると中からとろり。こんなプロっぽいオムレツが作れたら、朝から気分が上がりますよね。

では、どうすれば作れるのか？　じつは、「オムレツには皮がある」のです。卵をくるりとまとめ、フライパンを奥に傾けたら、20秒ほど焼き付けて皮を作る。これが、はじける秘密です。

忙しい朝にじっと待つというのは、贅沢な時間の使い方かもしれません。でも、その時間は、確かなおいしさとなって返ってきます。

材料（1～2人分）

ササッと5分

- 卵…3個
- A マヨネーズ…大さじ1
  塩…少々
  こしょう…少々
- サラダ油…小さじ2

作り方

①ボウルに卵を割り入れ、30回ほど混ぜたら、Aを加えて混ぜる。

②フライパン（20cm）に油を中火で2分ほど熱し、箸先に卵液をつけてジュッとなったら、高めの位置から卵液を一気に注ぐ。

③10秒ほど待ち、まわりが固まってきたら、ゴムべらで、手早く30回ほど混ぜる。

④フライパンを奥に傾け、中央より向こう側に寄せながらまとめて、三日月形にする。

⑤卵が動かなくなるまで20秒ほど焼き付け、ゴムべらで一気に手前にパタンと返して皿に盛る。

はじけた中には何がある？

中の具材を変えられるのもオムレツの魅力。家族全員の具を変えてみると、朝から食卓がにぎやかになるかもしれません。いずれも作り方④のところで入れてくださいね。

ケチャップ
間違ってケチャップをかけないよう要説明。

ツナマヨ
しょうゆをかければ、ごはんが進む。

チーズ＋ミニトマト
トマトのフレッシュさが卵にマッチ。

ちょっとだけオムライス
朝から「卵たっぷりオムライス」気分。

これなら毎日でも作れる

巻かないだし巻き卵

「毎朝、食卓に、だし巻き卵が並んでいる」。この言葉に、ほんの少し、しあわせの響きを感じませんか？

ただ、だし巻き卵って、巻くのに手間がかかるし、難しいですよね。そこで、巻かずにほわっほわのだし巻き卵を作る方法をお教えします。

最初にたっぷり卵を流して、スクランブルエッグのようにかき混ぜます。卵を奥にギュッと寄せ、残りの卵を入れてパタンとたたむ。これだけです。あとはごはんと味噌汁があるだけで、完璧な和朝食！

材料（1〜2人分）

- 卵…3個
- A 削り節…1袋（5g）
  水…1カップ
- B しょうゆ…小さじ1
  みりん…小さじ1
- サラダ油、青じそ…各適量

作り方

①前日、Aを混ぜて冷蔵庫に入れ、朝、こして大さじ4だけ取る。

②ボウルに卵を割り入れて30回混ぜ、①、Bを加えて混ぜる。

③卵焼き器を中火で熱し、ペーパーで油を塗る。

④卵液をお玉で少量落とし、ジュッとなったら2/3量を流し入れる。すぐゴムべらで混ぜて半熟にし、向こう半分に寄せる。

⑤空いた手前にペーパーで油を塗り、残りの卵液を加え、焼いた卵の下に卵液を行きわたらせる。表面が固まってきたらゴムべらで手前にパタンと折る。

ササッと 5分

残っただしは味噌汁に

食卓を格上げする盛り付けのコツ

だしの繊細な風味で、和食らしい凛としたたたずまいをもつだし巻き。意外と存在感の強い料理だから盛り付けを工夫するだけで、食卓の空気すら変えられます。

2分割

入刀は一度だけで、豪快に。これは「箸で簡単に切れますよ」という無言のアピール。

よっ、大胆だねぇ！

4分割

モダンな旅館で出てきそうな三角切り。「気取っている」と思われるリスクも。

くぅ、洒落てるねぇ！

卵焼き器がある生活

もし、丸いフライパンでだし巻き卵を作っているなら、ぜひ卵焼き器を使ってください。角がくっきり美しく焼けて、圧倒的に作りやすくなります。

ズボラーさんの平謝り

地元に、大きなだし巻き卵をのせた鰻丼を出す鰻屋さんがあるんです。これをまねして、炊きたてごはんの上に、だし巻き卵をどどーん、とのっける。美味！　……いや、お皿洗うのがめんどうなんじゃなくて、おいしいからやってるんですー。

そのままで充分おいしい。だからこそ

卵かけごはん＋1

ササッと 1分

炊きたて熱々のごはんに、新鮮な卵をパカッと割る。黄身にお箸で穴を開け、しょうゆをたらり。もう、充分おいしそうですよね。

　卵かけごはんは一見、ファストフードに思えますが、卵が新鮮なまま流通している日本ならではの尊い食べ方。生命力をたっぷり取り込める、ありがたい食事なんです。

もう何度も食べている一品

ですから「卵とごはんは混ぜる派」など、自分スタイルがあると思います。そこで、ゆずれない部分はそのままに1つだけ変化を加えてみては？

卵かけごはんがもっとおいしくなる9の「変えてみる」

1

足すものを変えてみる

明太子やバター、梅干しなどごはんに合うものをちょっとだけ足す。ほんのちょっとの違いって、わかるとうれしいものです。

2

器を変えてみる

お椀、丼、平たい器。中身は同じなのに、器を変えるだけで、違う料理を食べている気持ちに。シンプルな料理だけに、器の影響は大。

3

混ぜ方を変えてみる

軽く10回混ぜるのと、しっかり50回混ぜるのだと、味はどう変わる？ など、混ぜ方だけで冒険ができます。

4

香りを変えてみる

香りが強く、特徴的な青じそなどの香味野菜を加えると、高級感もアップ。すりごまを加えるとコクもアップ。

5

調味料を変えてみる

七味、わさび、こしょう、オリーブ油、マヨネーズ、コンソメ、粉チーズ、ふりかけ。ね、試したくなったでしょ？

6

卵への態度を変えてみる

卵に静々と一礼。真剣にやってみて。すると、いつもより一度に口に運ぶ量が減り、よく噛んで食べられるように。

7

黄身だけに変えてみる

なんて贅沢！ でも、意外と評価が分かれるようで、独自の調査では、「ふつうのほうが好き派」がややリードでした。

8

卵の値段を変えてみる

卵とは、1個あたり10円単価を上げただけでも高級品になる、ある意味お得な食材です。レッツ卵セレブ。

9

ごはんを変えてみる

卵を買ったら、翌朝は炊きたてごはんが食べられるよう予約して就寝。冷凍ごはんならレンジで熱々を。卵がとろりんとします。

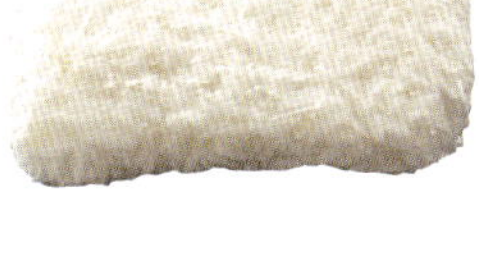

栄養界の巨匠！

卵のふしぎを聞いてみた

Q 忙しくて、毎朝、ゆで卵1個しか食べてないけど、栄養偏ってない？

A 大丈夫。トマトジュースを足せばもう最強

「ゆで卵しか」って、私のことナメてるわね。この殻の中で赤ちゃんが1匹育つ私には、いろんな栄養素が詰まっているのよ。

エネルギーだけ見ると、食パン半分と同じくらいだけど、栄養効率は雲泥の差よ。ただ、私は、食物繊維とビタミンCはあまり持ってないから、そこはトマトジュースさんで補って。本当、これだけで、栄養的には無敵なのよ。

でも、たくさん動かなきゃいけない日は、スタミナ源となる炭水化物も摂るようにしてほしいわね。

卵 1個あたり

タンパク質 6.2g

ビタミンB_2 0.22mg

亜鉛 0.7mg

ビタミンD 0.9μg

鉄分 0.9mg

カルシウム 26mg

トマトジュース 1本（200mℓ）あたり

ビタミンC 13mg

食物繊維 1.5g

Q 風邪ひいたときに、卵がゆとか卵酒とかするのは、なんで？

A 消化がよくて、体が温まるからです

しっかり栄養を摂るって、体にとってものすごくうれしいこと。これはわかるわよね。でも、風邪をひいたときって、体も元気がないから、栄養を吸収しづらいの……。これは、体がいやがっているからなのね。

こういうときは私の出番。私は消化吸収がいいから、弱った体にもすーっと入っていけるの。

そして、お酒、おかゆ。どちらも体がぽかぽか温まるでしょ？体は温かいほど活動が活発になるから、私の栄養&温めて活発になった体の、ダブル攻撃で風邪を治すってわけ。

Q 「卵は1日1個まで」って絶対守らなきゃいけないの？

A 医師からの指摘がなければ、大丈夫です

わかる。私っておいしいから、何個でも食べたくなるわよね。でも、気にすることないわよ。じつは、私を食べてもコレステロール値はそれほど上がらない、なんて研究結果もあるのよ。だいたい、肉の野郎を食べたってコレステロール値は上がるわよ。まったく！

ただ、私のコレステロールが高いのは事実。だから、食べすぎはダメよ。って、食べすぎがいけないのは、どんな食事だっていっしょよ！　1日4個も5個も食べるって言うなら、さすがに止めるわ。お医者さんから「ダメ！」って言われなきゃ2個くらいなら平気よ。

Q タンパク質が豊富って言われるけど、肉だってタンパク質が豊富でしょ？

A 卵のタンパク質は、肉よりも吸収しやすいと言われています

タンパク質っていうのはね。「アミノ酸」っていう物質が集まって作られているの。アミノ酸は20種類くらいあるんだけど、その中の9種類は体で作ることができず、食事で摂るしかないの。これを「必須アミノ酸」っていうのね。

体に必要なアミノ酸をどのくらい含むかの割合を示した「プロテインスコア」ってのがあるんだけど、私はなんと100点満点！でも肉やミルクさんは80点くらいなの。あ、あともうひとついいこと教えてあげる。タンパク質はビタミンと合わせて消化吸収されるものもあるのよ。そこで、はい私。私にはそのビタミンもバランスよく含まれているの！

写真に撮って残したくなる

食卓のアイデア

「あ、今日の食卓、写真に撮っておこうかな?」。そんな気持ちになったなら、その朝ごはんは、いい朝ごはん。そんな朝を迎えるために、食卓にあるとすてきな3つのアイテムを紹介します。

景色が変わる
ペーパーナプキン

言うなれば「洗わなくていい日替わりランチョンマット」。北欧風の柄や、元気な色。好きなものを数種類買っておくと、気分に合わせて毎朝食卓の風景に変化が生まれます。めんどうな朝は、ここに直接パンをのせれば、パンくずごと丸めてポイ。

盛り付けがキマる
オーバル皿

日本人は、手前真横に箸を置く作法があるからか、バランスがいいと落ち着きやすいよう。そのバランスを簡単に作れるのが楕円形のお皿です。正円だと余白ができてしまいますが、オーバルなら一品だけでも見映えよくなります。ごはんでもパンでも、万能に使えます。

食卓に温もりが出る
木のアイテム

木は、人の心を落ち着かせてくれます。金属よりも温かみがあり、どこかほっとする素材。そして、木目はすべて違うので、すべてが一品物です。だから、使うほどに愛着がわいてくるという魅力も。素材は、くるみに山桜、サオにオリーブ。どんなテイストの食卓にもなじみます。

朝食日記をつけてみよう

ただ、毎日朝ごはんを写真に撮るだけ。そんな朝ごはん日記をつけてみませんか？ 2週間、3週間。写真がたまるほど、見るだけで楽しい気持ちになれるのはもちろん、朝ごはんへの意識も高まるので、きっと前向きに作れるようになります。

香りと食感で
五感が目覚める、
パンの朝ごはん

ふっくら

日本のパンは、ここ10年で格段においしくなりました。

たしかに、研究熱心な日本人の特性のおかげか、
最近では、コンビニはもちろん、
全国どこでも小さな手作りパンのお店があり、おいしいパンが手に入ります。

いまや日本は、世界でいちばん、世界のあらゆるパンが食べられる国と言えるでしょう。

パンがおいしくなった。

これにより、パンの朝ごはんで感じられるしあわせも、たくさん増えました。

まず、買うときに「楽しく選ぶ」ことができます。

焼けば、小麦の香りや、酵母菌由来の芳醇で香ばしい香りが鼻孔をくすぐってくれます。

噛めば「ふわっ」「むちっ」「サクッ」など多彩な食感で楽しませてくれます。

これが、パンの朝ごはんです。

その手軽さから、朝の食卓の主役へと躍り出たパンの朝ごはん。

しかし、今では、「手軽にしあわせを感じることができるもの」に
変化したと言えるでしょう。

パンの朝ごはんのメリット

・胚芽パンや雑穀パンは、食物繊維やビタミンB群などの栄養素が多く摂れる。
・バゲットなど噛みごたえのある固いパンを食べると、唾液がしっかり出て満足感も得やすい。
・生野菜やフルーツと合わせやすいので、ビタミンCや食物繊維を手軽に摂る手助けにも。

朝におすすめ
パン断面図鑑

パンの魅力「食感」を目で味わうことはできないか？
というわけで、パンの断面図鑑です。
皮が厚いほど、パリパリ食感。
中の気泡がきめ細かいほどしっとり食感。
さまざまなパンの食感を想像しながら、
明日の朝パンを選びましょう。

食パン

食パンは、お米という主食文化をもつ日本が生んだ、いわばジャパニーズパン。サンド、トーストなど、とにかく自由にいただけるのが特徴。4枚切りならリッチに、8枚切りなら巻いて食べるなど、厚さによって用途もいろいろ。

パン・ド・カンパーニュ

お米でいうと玄米のようなポジションのパン。ライ麦や胚芽を使っているため茶色っぽく、噛めば噛むほどいいお味。「カンパーニュ」とは「田舎」という意味で、素朴な味わいゆえにこう呼ばれている。

ベーグル

基本的に油、卵、牛乳を使わない、ごはんに近いパン。リング状の生地をゆでたあと、オーブンで焼いて完成。何と言っても、あのもちもちした食感がたまらない。いろんな具材と相性がよく、サンドイッチにも向いている。

バゲット

いわゆる長細いフランスパン。カリカリした皮を食べるもので、粉の味がしっかり味わえる。よく噛んで食べるため、少量でも満足感を得られるのが特徴。おつまみにも使えるので、固くなってもいろいろ用途があるのがうれしい。

イングリッシュマフィン

ベーグルと近いポジションのパンだが、バンズのような軽い食べごたえ。意外と口どけがいいので、食欲がないときでも食べやすい。肉系との相性もよいので、がっつり食べたいときは、具材をたっぷりはさんでも。

バタール

バゲットと形は似ているが、太いフランスパン。中のふわふわ部分を食べるもの。まるで、食パンとバゲットのいいとこどりをしたようなパンなので、サンドイッチにもトーストにもいろいろ使えるのが魅力。

クロワッサン

何層にも折り重なった生地の間に、バターが練り込まれている。もはや、バターを食べるといっても過言ではないパン。エレガント部門の担当として、平日よりも週末に、ゆったり食べるのがおすすめ。

どうやって温めなおすとおいしい?

おすすめは、電子レンジとフライパン。レンジの場合は、ぬらして固く絞ったペーパーでパンをくるめば、10秒でふわふわに。フライパンで焼くと、トースターより中の水分が飛びにくいので、中がふんわり仕上がりますよ。

Café トースト

フライパンで、喫茶店の味に

リッチバタートースト

「トーストでいいや」と、簡易的に扱われるトースト。しかし真の姿は奥深いのです。

そこで、いつものトースターをやめて、フライパンで焼いてみてください。パン全体に熱を与えず、表面だけを熱しているので、外はサクサク、中は水分が残ってしっとりします。いつものパンで試すと、その違いは歴然。仕上げに好きなだけバターをのせて。

9等分に切り込みを入れ、中火で両面こんがり焼いてね

お食事系　①具をのせてから、焼く

塩昆布＋チーズ

これ、たぶん、おばあちゃんに
なっても食べる

トマト＋チーズ

味が想像できる？
うん。その通りの味だよ？

ここからは
トースターで
焼いてね
チーン

ハム＋チーズ

戻ってきたい
シンプルなおいしさ

Simple!

納豆＋ねぎ＋チーズ

納豆の可能性！

梅干し＋バター＋黒ごま

パンが甘い？
なるほど、梅の酸味か

のり佃煮＋チーズ

ジャム感覚で佃煮を使って
みた。おいしかった

創意工夫！ トースト39連発！

トーストって何？　と言われれば、答えは当然「楽しむもの！」。というわけで、定番から変わり種まで、簡単でおいしいトーストを一挙紹介！　写真はぜんぶ食パンですが、パン図鑑で紹介したいろいろなパンに変えてもおいしいですよ。

のせて！
焼いて！

キャベツ＋焼きとり缶＋マヨネーズ

照り焼きチキントースト
だと思ってもらえれば

ちくわ＋マヨネーズ＋ソース

焦げたソースは屋台の香り

明太子＋クリームチーズ

深夜、締めの一枚にも

粒マスタード＋ソーセージ

ホットドッグ風トースト

紅しょうが＋青のり＋チーズ

あ、お好み焼きじゃん

キムチ＋マヨネーズ

キム兄、マヨ子。
二人の恋が今、始まる…

のり＋じゃこ＋チーズ

一口かじれば、海が広がる

コーンクリーム＋チーズ＋マヨネーズ

コンポタって食べられるんだ

コンビーフ＋こしょう

朝から気軽に肉！肉！肉！

お食事系　②焼いてから、具をのせる

温泉卵＋粉チーズ＋オリーブ油	バター＋青じそ＋なめたけ	ツナ＋カレー粉＋マヨネーズ
目玉焼きとは違う 優しいおいしさ	なめたけはやっぱりおいしい	給食にカレーが出ないか要確認

トマト＋バジル＋オリーブ油＋塩	**クリームチーズ＋ゆかり**	**ベーコン＋マヨネーズ＋パセリ**
にんにくをパンにこすりつければ、パン・デ・マルゲリータ	ゆかり。君のことは 忘れない。チーズより	パンといっしょに ベーコンもこんがり

ズボラーさんの 平謝り Special!!

平日の朝は、スヌーズ機能の限界まで寝ていたい。というわけで私は休日、6枚切りの食パンぜんぶに具材をのせて、ラップして冷凍します。これなら、具材も一気に使いきれてラクだし、朝は焼くだけで完成。おまけに「今週の朝ごはん、ぜんぶできてる！ 私って、すごくない?」って達成感までいただけちゃうんです。

ツナ缶で作るトースト

①ツナ＋スライスチーズ＋ミニトマト
②ツナ＋ホワイトソース
③ツナ＋七味＋塩昆布

バナナで作るトースト

①バナナ＋板チョコ
②バナナ＋キャラメルソース
③バナナ＋はちみつ＋グラノーラ

かにかま＋マヨネーズ＋ゆずこしょう

かに（仮）の後ろから、ゆずが！

バター＋しょうゆ＋わさび

わさびはムラ塗りに。時折くる刺激がクセに

ねぎ＋削り節＋しょうゆ＋バター

ねこまんまがパンになった。にゃー

スイーツ系　①具をのせてから、焼く

梅干し＋マヨネーズ＋のり＋削り節

梅マヨが、パンにこんなに合うなんて！

りんご＋シナモン＋バター

残ったりんごにトースターという魔法をかけて

マシュマロ＋板チョコ

とろとろでふわふわです。朝だからいいんです

プリン＋ミックスチーズ

えっ…

バナナ＋バター

このトーストのために、バナナは生まれた

マヨネーズ＋小麦粉＋砂糖

これはあの菓子パン？メロ……？

「マヨネーズ＋小麦粉＋砂糖」の作り方…マヨネーズ（大さじ1）、小麦粉（大さじ1/2）、グラニュー糖（大さじ1/2）を混ぜて塗り、表面にグラニュー糖を振ってから焼いてね

スイーツ系　②焼いてから、具をのせる

バター＋ようかん
最初はようかん。
噛むほどにバター

コンデンスミルク＋いちご
切ってのせるだけ。
噛むといちごがジュワッ

はちみつ＋レモン＋バター
フレッシュな酸味が一瞬で
ほどけて、甘みが!

部屋＋Yシャツ＋私
毒にはどうぞ気をつけて

アイスクリーム＋インスタントコーヒー
中毒性がございます。用法用量
をお守りください

バナナ＋ココア＋バター＋砂糖
みんな好きな味。
冷凍バナナだとジャム風？

刻みごま＋はちみつ
昔、母が言った。「シンプルな
ものほどおいしい」って

ちょっとうれしい小ワザ

4種のジャム
いちご＋ブルーベリー＋りんご＋マーマレード
一度はやってみたかった

ピザ屋なの!? ハーフ&ハーフ
バターシュガー&ピザソース＋チーズ
甘い、しょっぱい。
永久ループにご注意を

明日の私にプレゼント

手作りジャム＆バター

休日、部屋いっぱいに、いちごの香りが広がるジャム作り。生クリームをシャカシャカ振り続けるバター作り。

　この2つ、一度作ってみると、市販品には戻れないおいしさがあるんです。

　ジャムはフレッシュな甘みと酸味があり、バターは発酵バターのようにミルキー。

　自分の手で作った愛おしさと、絶品の味わい。前日に作れば、明日の朝が、文字通り「明るい日」になる、すてきな贈り物に。

日持ちは冷蔵庫で1週間

手作りバター

材料（100ｇ分）

•生クリーム…1パック（200㎖。動物性乳脂肪40％以上のもの）
•塩…小さじ1/8

ゆったり 15分
（常温におく時間は除く）

作り方

①生クリームは、夏場は常温に30分、冬場は1時間おく。

②空のペットボトル（500㎖）に①を入れてしっかりフタをし、上下に勢いよく1〜2分振る。

すぐに音がしなくなってきて、内側全体にべったりと脂肪分がくっつくよ

③さらに2〜3分振ると、水分が分離してバシャバシャと音がし始める。バターのかたまりが大きくなり、まとまったら終了。

最初に常温においておくと、振り始めて5分もたたずにしっかり分離するよ

④ペットボトルを切る。ペーパーをしいたザルに中身をあける。ゴムべらでバターを押さえながら水分をさらによく絞る。塩を加えて混ぜる。

残った汁はバターミルクと呼ばれるもの。紅茶やスープなどに使うといいよ

日持ちは冷蔵庫で3週間

手作りいちごジャム

材料（作りやすい量）

•いちご…2パック（正味500〜600ｇ）
•砂糖…250〜300ｇ
•レモン汁（または酢）…大さじ1〜2

ゆったり 30分
（常温におく時間は除く）

作り方

①いちごはヘタを取り、よく水洗いをし、水気を拭く。

ボウルに水をためてから洗うと、洗いやすいよ

②半分に切ってボウルに入れ、砂糖を加え混ぜてラップをし、常温で30分おく。

いちごから汗をかくみたいに水分が出てくるからおもしろいよ

③水分が出たら、鍋（20cm）に移し、強めの中火にかける。ゴムべらでよく混ぜながら砂糖を溶かし、粒を軽くつぶしながら煮る。

「鍋底が見える」っていうのはこれくらい。ジャムらしくなってきた！

④煮汁をゴムべらでこすると鍋底が見えるまで13分ほど煮る。レモン汁を加えてひと煮する。

⑤熱湯消毒した空き瓶の口から5㎜下までジャムを入れてフタをし、そのまま逆さにして冷ます。

ズボラーさんの平謝り

料理は苦手な私でも、ジャムとバターを作るのだけは楽しめる。これはたぶん、料理というよりレクリエーションだからかもしれません。だから、ここぞとばかりに、できたらおしゃれ瓶に詰めておすそわけ。これだけでまわりの評価は「マメな人」。私ってずるい？

すべてがなじんで心地いい

一晩寝かせたサンドイッチ

２５０年の歴史があるサンドイッチ。でも今のようなフレッシュ野菜のサンドイッチは、コンビニが発展してから生まれた新しいものなんです。

　では、本来のサンドイッチはというと、それがこのサンドイッチ。前日の夜に作って冷蔵庫に入れておくと、具材や油分がじわじわパンとなじみ、ぴったりと密着感が。家で作ったサンドイッチならではのやみつき感が味わえます。

ササッと③

ほっ

心が落ち着く"熟成系"の具

このサンドイッチの具材は、レタスやトマトなどフレッシュなものよりも「時間がおいしくした」熟成ものがおすすめ。しっとりとしたパンと具材で、しっとりと淑女気分でいただきましょう。

しっとりナッツ＆レーズンサンド

たっぷりのレーズンと砕いたミックスナッツを、スライスチーズをのせたパンではさみます。レーズンの甘みとナッツのしっとり感がクセに。

福マヨサンド

福神漬けとマヨネーズを1:1で和えるだけ。あとはたっぷりはさみます。意外な組み合わせですが「毎日これでもいい!」と思える絶品サンド。

きんぴらごぼうチーズサンド

ごぼうのうまみとしょうゆの香ばしさに、クリームチーズの脂肪分が加わった最強の味。きんぴらごぼう3に対し、クリームチーズ2。この比率がベストマッチです。

ケチャマヨビーフサンド

コンビーフ50g、ケチャップ・マヨネーズ各大さじ1/2、こしょう少々を和え、オニオンスライスをお好みで。子どもも喜ぶ、がっつり系の味。

ちょい甘生ハムチーズサンド

パンに薄く塗った甘いはちみつが、生ハムとチーズの味をさらに深くします。フライパンで軽く焼き、ホットサンドにすると、とろけるおいしさ。

ズボラーさんの平謝り

夕食の残りものをタッパーに入れるのすらめんどう。そんなときは、パンにはさんでしまいます。たとえばカレー＆チーズなんか最高。ラップのまま20秒ほどチンすれば、朝ごはんとは思えぬほどの食欲がむくむくと! 作った瞬間から食べたい衝動と戦わねばならない、恐怖のごちそうです。

そして、一品料理へ

最後の一枚復活祭

食パンの最後の一枚。「残っているから食べないと」という気持ちになってしまいがちですよね。でも、最後の一枚だからこそ、おいしく作れる料理があるんです。

少し乾いたパンは、塩分や脂肪分と相性抜群。ベーコンから出た脂や、ドレッシングをパンが吸い、ただトーストするより「おかず」っぽい一品に。このおいしさを知れば、むしろ最後の一枚が待ち遠しくなるかもしれません。

ベーコン炒めトースト

ササッと 5分

材料（1人分）

- 食パン（6枚切り）…1枚
- ベーコン…2枚
- パセリ…適量
- サラダ油…適量
- 粒マスタード…大さじ1

作り方

①パンは9等分に切る。ベーコンは2cm幅に切る。

②フライパンに油を薄く塗り、パンを並べ、ベーコンを散らして中火にかける。2分焼いてパンの上下を返し、ベーコンがちりちりとしたら全体を混ぜて炒める。

③ちぎったパセリを散らし、粒マスタードを添える。

カリカリクルトンサラダ

ササッと5分

材料（1人分）

- 食パン（6枚切り）…1枚
- ベビーリーフ…50g
- ミニトマト…6個
- ドレッシング…適量

作り方

①食パンは2cm角に切る。フライパンに広げて**中火**にかけ、カリッとするまで炒める。または、耐熱皿にオーブンシートを広げてのせ、ラップなしで電子レンジに**1〜2分**かける。

②トマトは半分に切り、ベビーリーフとともに器に盛る。ドレッシングをかけ、①をトッピングする。

ベーコン巻きトースト

ササッと5分

材料（1人分）

- 食パン（6枚切り）…1枚
- ベーコン…4枚

作り方

①フライパンを**中火**で予熱しながら、パンを4等分の棒状に切り、ベーコンの端において巻く。

②巻き終わりを下にし、フライパンに入れる。**2〜3分**転がしながら焼き色をつける。

ズボラーさんの平謝り

包丁もまな板も出したくない私。というわけでパンを炒めるときはちぎって入れてます。これはこれで、裂けた部分がサクッとしておいしいんです。小田先生は「キッチンばさみを使ってもいいよ」と教えてくれたのですが、それさえめんどうでした……。すみません。

固い耳までプルンプルン

一夜漬けフレンチトースト

朝から耳までプルンプルン。とろける甘さのフレンチトースト。まさに夢のようですね。プルンプルンのポイントは、夜のうちにパンをひたしておくこと。寝ている間にしっかり卵液が染みこんで、朝は焼くだけで至福の味。この一瞬のためなら、いつもより10分早起きだってラクなもんです。

材料（2人分）

ゆったり 10分

・バゲット（直径7cm）…3cm厚さに切ったもの4個

A
- 卵…2個
- 牛乳…1/2カップ
- 砂糖（またははちみつ）…大さじ2～3

・バター…10g

・メープルシロップ…適量

作り方

① **前日に** ボウルに卵を割りほぐす。砂糖を加え、少しずつ牛乳を加え混ぜる。卵液をバットに流し、パンをひたして表裏を返す。冷蔵庫に入れておく（朝にひたす場合は15分以上おく）。

② フライパン（26cm）を中火で熱し、バターを入れ、溶けかけたらパンを入れる。

③ 弱めの中火にして3～4分、返して3～4分焼く。メープルシロップをかけていただく。

“耳”が変わると味が変わる

一説には「フレンチトーストは耳を食べる」とも言われるほど、耳が変わるとずいぶん味の趣も変わります。いろんなパンをひたして、わがままに食べ比べてみましょう。

イングリッシュマフィン

耳の部分は、プルプルになりすぎず、比較的しっかりとした食感。全体がむっちりとした噛みごたえで、絶妙なおいしさ。（レシピの分量で、マフィン3～4個分）

食パン

耳の部分は、香ばしさが残る味わい。白い部分はプルンプルンで、卵と牛乳をしっかり味わえるスタンダードな定番品。（レシピの分量で、4枚切り食パン2枚分）

ぶどうパン

もはや皮と言っていいほど耳が薄いので、卵液が染み込んだあとは、その存在を感じないほどしっとり。ぶどうの甘みと風味が効いて、もはやほぼスイーツ。（レシピの分量で、ぶどうパン4個分）

ズボラーさんの平謝り

こんがり焼きたいけど、フライパンを洗うのがめんどうな私は、オーブンシートをしいてからパンをのせてます。そして、シートごとペーパーナプキンにのせれば、お皿も洗わなくてOK。ズボラじゃないの。これはその……環境への、配慮ですよ？

おいしいもの×おいしいもの＝おいしいもの

焼きベーグルのアイスディップ

ササッと 3分

もちもち生地のベーグルは、焼いてもすぐには温度が下がらず、冷たいアイスをバランスよく受け止めてくれます。

おいしいものにおいしいものをつけて食べるんだから、おいしさは折り紙つき。

アイスは買うだけ、ベーグルは焼くだけで完成する手軽さなのに、このしあわせ感は、ちょっとずるい。

かけ算から始まる一日

この朝ごはんは、アイスとベーグルを買うところで
勝負が決まります。味の掛け合わせで
生まれるおいしさは無数にあるので、毎日が実験。
食べきれなければフタをして、また明日食べるのだって自由です。

方程式の例

プレーンベーグル×クッキーバニラアイス=どんな味？

ズボラーさんの
平謝り

はい、私にぴったりのこのメニュー。というわけで、ネットで「訳ありベーグル」を大量に買って冷凍。意外にも、しょっぱい系のベーグルに、バニラアイスを合わせると止まらないんです。もう、朝から暴走です。暴走族です。夏にはヨーグルト系のアイス。最強でさわやかな暴走族です。

新しいでしょ?

春巻きの皮ラップサンド

ササッと 3分
(常温におく時間は除く)

春巻きの皮は、製造過程で一度焼いてあります。つまり、袋から出して、そのまま、食べられるものだったのです! 具材をたくさん用意すれば、まるで手巻き寿司パーティー。春巻きの皮は、何にでも合うので、出来合いのお惣菜を買ってきて、ただ並べるだけでも問題なし。これで、いつもの朝が一大イベントに。

好きなもの何でも巻けば？

青じそ＋明太子

グリーンリーフ
＋ハム

のり＋
スライスチーズ

昨日のおかず

食べ方あれこれ

・春巻きの皮は冷えていると固いので、常温に10分ほどおいておきます。

・春巻きの皮1袋（10枚入り）を半分に切り、1枚ずつていねいにはがしてください。

・寒い日は、ラップをしてから軽く電子レンジで温めると、ブリトーのようになります。

・冷凍も解凍も自由自在です。

・合わせる具材は、濃いめの味のものがよく合います。

部屋中に広がる焼きたての香り

フライパンブレッド 自由形

発酵させずに作れるので、成形したら、すぐにフライパンで焼けるお手軽パンです。しっとりもっちり、より小麦の味を感じられる、素朴なスコーン生地。

せっかく生地から作るので、休日、みんなが喜ぶ形を考えながら、クリエイティブに作りましょう。

郵便はがき

料金受取人払郵便

芝局承認

7127

差出有効期限
平成29年2月
16日まで
(切手は不要です)

105-8790

211

東京都港区虎ノ門1-11-1
虎ノ門MLビル1F

株式会社 文響社 行

フリガナ	
お名前	
ご住所 〒 都道府県 区町市郡	
電話番号	
Eメール	
年齢 才	性別 □男 □女
ご職業(ご選択下さい) 1. 学生〔小学・中学・高校・大学(院)・専門学校〕 2. 会社員・公務員 3. 会社役員 4. 自営業 5. 主婦 6. 無職 7. その他( )	
ご購入作品名	

良い作品づくりのために皆さまのご意見を参考にさせていただいております。
協力よろしくお願いします。

本書を最初に何でお知りになりましたか。

新聞・雑誌の紹介記事(新聞・雑誌名　　　　　　　)　2. 書店で実物を見て　3. 人にすすめられて
インターネットで見て　5. 著者ブログで見て　6. その他(　　　　　　　　　　　　　　　　　　)

お買い求めになった動機をお聞かせ下さい。(いくつでも可)

著者の作品が好きだから　2. タイトルが良かったから　3. 表紙が良かったので
内容が面白そうだったから　5. 帯のコメントにひかれて　6. その他(　　　　　　　　　　　　　　)

本書をお読みになってのご意見・ご感想をお聞かせください。

本書をお読みになって、
良くなかった点、こうしたらもっと良くなるのにという点をお聞かせ下さい。

著者に期待する今後の作品テーマは?

ご感想・ご意見を広告やホームページ、
本の宣伝・広告等に使わせていただいてもよろしいですか?

実名で可　　2. 匿名で可　　3. 不可

協力ありがとうございました。

材料（8個分…各直径6cm、2cm厚さ）

ゆったり 25分

A
- 薄力粉…200g
- 砂糖（あれば三温糖）…30g
- 塩…小さじ$\frac{1}{2}$
- ベーキングパウダー…8g
- レーズン…50g
- くるみ（手で砕く）…30g

・プレーンヨーグルト…150g

作り方

①Aをボウルに入れて混ぜ、中央をあけてヨーグルトを加える。

②粉を中央に向けて崩し、指先で軽く混ぜてから生地を折りたたむようにひとまとめにする。

③手粉（分量外）をつけて8等分にし、好みの形にする。

④半量ずつ焼く。フライパン（26cm）を中火で1分熱し、③を入れフタをして3〜4分焼く。返して軽く押し、フタをして弱火で6〜8分焼く。

形で変わるパンの味!!

このフライパンブレッド、形で食感、味が少し変わります。だから、なるべくいろいろな形を作って、食べ比べてみてください。会話がはずめば、おいしさも倍増です。

顔
かじるときの
罪悪感もまた一興。

肉球
肉球のような、
ぷにっとおいしい形。

リモコン
何のチャンネルを
変えるのか。

座々村クエンティーノさん、
お誕生日おめでとう!

イニシャル
誰かの
誕生日プレゼントに。

いつもと違う景色を見よう

思い立ったら即ピクニック

近くの公園、ベランダ、軒先。食べる場所を変えれば、もうピクニック。元気な太陽と新鮮な空気の中で朝ごはん。それだけで、しあわせです。

ピクニック用バゲット

バゲットなどお好みのフランスパンを1本用意し、深めに切り込みを入れます。あとは具材を用意するだけ。食べる直前に各自で作るから、パンによけいな水分が染み込みません。

2枚ではさむ

上下のパンに負けないしっかり系の具材をサンド。お腹が減っている最初のターンに最適です。

具材

・卵焼き、せん切りキャベツ
・さつま揚げ、貝われ菜
・スモークサーモン、アボカド

1枚でのせる

まだ、お腹が減ってる？　だったら次はサクッとのせましょう。ここで甘みを入れて変化をつけるのも手です。

具材

・ピーナッツバター、バナナ
・トマト、オイルサーディン
・カマンベール、ハム、マーマレード

ちぎってディップ

大人は朝からワインを飲みながら……なんてのもいいですね。パンくずに小鳥が寄ってきてついばむ。なんてことになるかも？

具材

・明太子&クリームチーズ
・ポテトサラダ
・クリームチーズ&梅干し&わさび

しあわせピクニックの作法

ピクニックを楽しむ正しい作法を紹介します。みなさん、ちゃんと、この手順でピクニックできていますか？　確認しながら、正しくおこなうように。

1 シートを大きくバッサーと広げる

これだけで、おいしいものを食べるテンションが作れます。

2 同じ味を続けて食べない

味の違いを感じて話す。それだけで会話は盛り上がります。

3 片付けは全員で

最後まで、一体感を持ち続けるためにも、全員であと片付け。

この本の組み合わせでできる❶

パリのプチホテル風朝ごはん

優雅なフランスで、朝からまったり気分。
そんな雰囲気を味わいたいなら、
朝から自分を甘やかすこんな甘〜い朝ごはん。
さんざん甘えたあとは、
スパイシーなカフェオレでシャキッと。

スパイシーカフェオレ→P129
切らなくていいフルーツ→P108
バナナのキャラメリゼ→P96
一夜漬けフレンチトースト→P52

この本の組み合わせでできる②

ニューヨークのカフェ風朝ごはん

世界を股にかけ、忙しくても健康を大事にするビジネスパーソンをテーマにした朝ごはん。消化吸収に優れたパンをメインに、卵のタンパク質、野菜、フルーツの酵素など、朝から元気をチャージできる朝ごはんです。

フルーツティー→P128
カリカリクルトンサラダ→P51
ベーグル→P54
スクランブルエッグ→P22

栄養界の大スター！

パンのふしぎを聞いてみた

Q 忙しくて、食パン1枚しか食べてないけど、栄養大丈夫？

A 食べないよりは◎。ピザトーストなら栄養は完璧

「食パン1枚しか」……って、なめられたもんだね。HAHAHA。私のおもな栄養素は炭水化物。だから体を動かすエネルギーは得られているんだぜ。ま、できればサラダも添えてもらいたいがな。

でも、忙しいと、そうもいかんだろう？　おすすめは、胚芽パンのように、食物繊維の多いパンに、トマト、ハム、卵、チーズをのせたピザトーストだ。これなら1枚食べるだけで、栄養的にもバランスがとれた優秀な朝ごはんと言えるだろう。

ふつうの食パンでも、食物繊維を補えるきんぴらごぼうやひじき煮（和素材も合うんだ）をのせれば、カ・ン・ペ・キ・だ・ぜ！

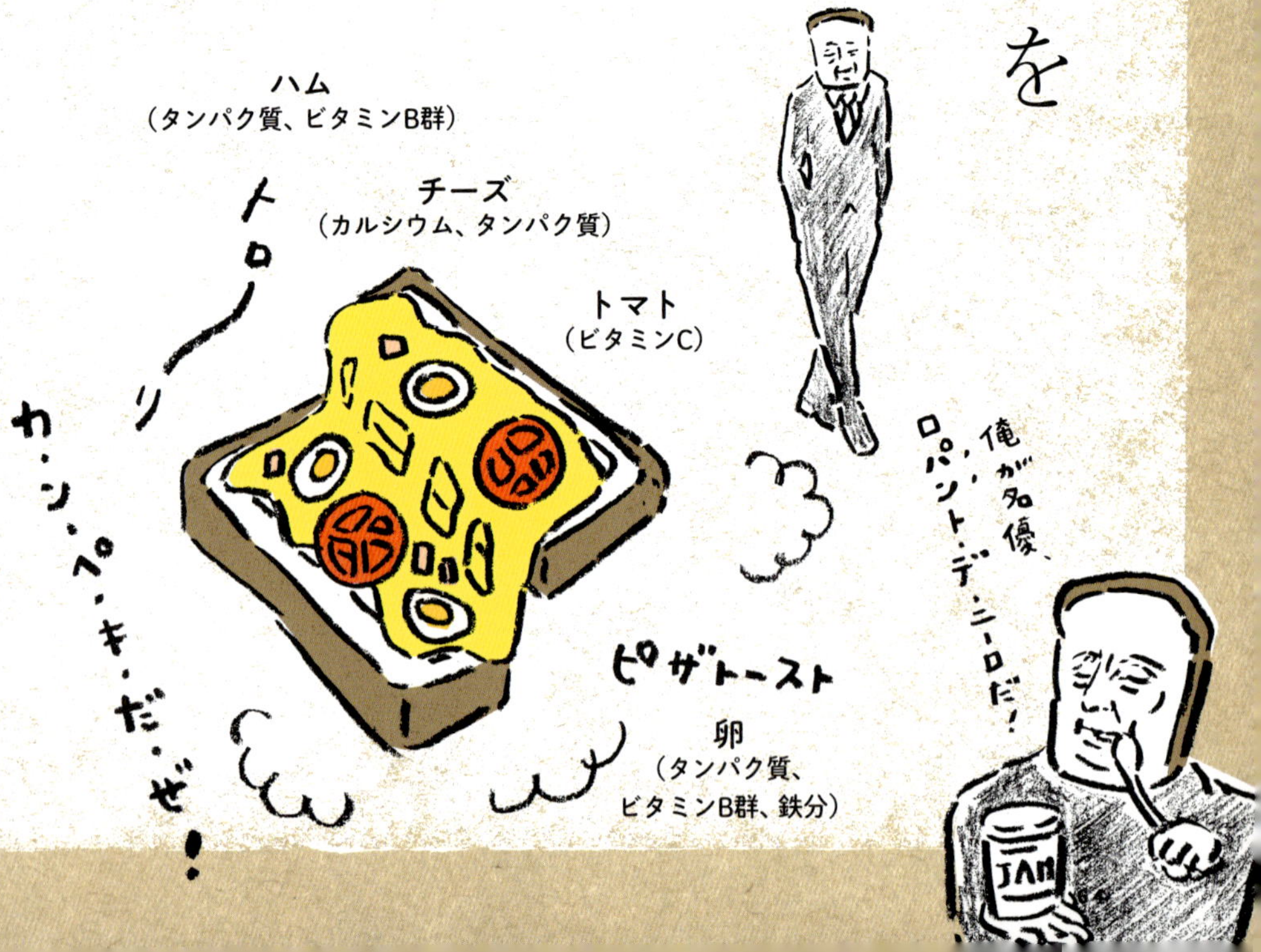

Q ライ麦パン、全粒粉パン、胚芽パン、雑穀パン……このへん、どう違うの？

A こんな感じです

全粒粉パン…精白しない小麦粉をベースにしたパン。ふくらみが少なく、ずっしりもっちり。食べごたえがある。

胚芽パン…小麦から抽出した胚芽を加えたパン。胚芽の独特の苦味、甘みがあり、香ばしい。

ライ麦パン…ライ麦は、小麦に比べ、タンパク質、脂質が少ない。しっとりしていて歯ごたえが軽い。

雑穀パン…大麦、ひえ、ごま、アマランサスなど、雑穀を配合したパン。

ま、いずれにしても、白いパンよりは食物繊維、ビタミンB群、ビタミンEなど、栄養素が摂れるというのは大きなメリットだ。

ただ、これを食べたから健康になれるか？　って聞かれると困る。「そうかもね？」ってくらいの答えしか出せないな。まあ過度な期待はしないでくれ。

とはいえ、これらの穀物が体にいいのは事実だ。だから、いずれ効果が出ることをし・ん・じ・ろ・よ。

Q やっぱりパンの朝ごはんって、太るの？

A どんなパンを選ぶのかによります

べつに、パン＝太るってわけじゃないぜ。俺ってうまいだろ？だから、何枚も食べるヤツもいれば、脂っこいものをのせるヤツもいる。

たとえばクロワッサン伯爵や、ブリオッシュ先輩みたいに、うまいパンには、バターなどの脂肪分や、糖分も多いんだ。そう、俺で太るのは、うまさのせいなんだ。罪な男だぜ俺は。

でも、秘策はある。よく噛んで食べてみな。唾液の分泌量が増えれば満腹中枢を刺激しやすくなるから、食べる量が減って、ふ・と・ら・な・い・ぜ。

お昼まで満足が続く、お米の朝ごはん

日本にパン食が広まったのは、戦後たかだか70年。
対して、米食には2000年近い歴史があります。
そんなお米の朝ごはんで得られるのは、長い歴史の中で洗練された「安定感」の喜び。
毎日あわただしくて、なんとなく流されて一日が終わってるな、と感じる日々にこそ、
地面にしっかり根を張る稲のように、
どっしりと落ち着くお米の朝ごはんを食べて、自分を取り戻しましょう。
お米は粒状で消化吸収に時間がかかるので、空腹を感じにくいという反面、
その食べごたえゆえに「朝からごはんは重い」という声もあるかもしれません。
そこで、この章では、物理的な食べやすさを考え、
さらに「新しいおいしさ」という、精神的な食べやすさまで含めてレシピを考えました。
お米には、納豆や明太子など和の食材はもちろん、
マヨネーズからアボカドまであらゆる食材を受け止める、懐の深さがあります。
漬物や佃煮など、その歴史ゆえに定番になったおかずも、新たな気構えで食べることで、
一段深いおいしさを感じられる。そんな満足感のある朝ごはんになるはずです。

お米の朝ごはんのメリット

・しっかり噛んで食べるので、唾液が出る。満腹中枢が刺激され、食べすぎを防げる。
・塩気のあるおかずが少しでもあれば、そのまま食べられるので、よけいなカロリーを摂らずにすむ。
・玄米は、ほぼ野菜。ビタミンB群、食物繊維などの栄養がたっぷり摂れる。腹持ちもいい。

さらさら流し込む快感

白ごはん、からのお茶漬け

ササッと 1分

炊きたてごはんに明太子。この、ごはんの甘みをしっかり味わえるシンプルなごちそうを、さらに美味に変えるのが「お湯」や「お茶」です。半分食べたら、お茶を注ぐ。すると、熱で明太子はほっくりプチプチ。お茶にうまみが溶け出して、さらさらと食べやすく、前半とは違った食感と味わいが楽しめます。

忙しい朝、おかずをいくつも用意するのは大変。でも、変化があったほうが食事は楽しい。それを実現するのが、「お茶漬け」なのです。

おともでごはんの悟りを開け **ごはん曼荼羅**

よく「そのへんにあるもので食べといて」の「そのへんにあるもの」に
分類されがちなこの方々。でも、この方々も、ごはんをおいしくする立派な料理です。
小皿に入れて、並べてみれば、仏教の教えをビジュアル化した曼荼羅のように、
ごはんの概念を感じられる朝ごはんになることでしょう。

野沢菜
鮮やかな緑色は、どのおともと合わせてもしっくりきます。たぶんO型。

なめたけ
なめたけの中身、じつはえのき。なめこじゃないの。おいしいからいいけど。

のり佃煮
おともとして説明要。もはや国民の
お湯をかけると香が広がります。

明太子
お湯をかけると、プチプチ感アップで別食感に。辛みで体も冴えわたる!?

梅干し
塩気と酸味で、ご
んの甘さを感じや
くなります。いきな
りお茶漬けでも。

ベーコン
やわらかめにサッと焼くくらいが、おかずとしては◎。脂肪分とごはんの甘み！

しらす
海と魚をもっとも手軽に味わえるのがしらす。お湯をかけるとうまみが出ます。

塩鮭
前日の夜に焼き、軽くほぐしておくべし。これで朝でも、ラクして美味なのです。

after

before

しらすマヨポン

しらすだけでもおいしいのに、マヨとポン酢が交わるともう！お茶をかけても、マヨとポン酢は生き続け、しらすからいいだしがじんわり。

お茶をかけたらどうなるの？

ツナねぎ味噌

おにぎりの具にも使えるツナ味噌。でも、お茶により、コクのある味噌汁ごはんへと変化。ツナの油分が満足感を呼び、ごはんとマッチ。

梅のりわさび

お茶をかける前は、梅干しとのりで食べる。そして、お茶をかけたらしょうゆをたらし、わさびを溶かす。ツンとしたいい香りが鼻に抜けて、梅干しの魅力がさらに開花。

after　　　　　　　　　before

塩昆布しそ明太マヨネーズ

かける前は、塩昆布や明太子を別々においしく食べる。そこにお茶が加わると、一気に混じり合うハーモニー。味わいがガラリと変わり、思わず「おお!」とうなる味。

もっとのせたらどうなるの?

おかかバターしょうゆちくわ柚子こしょう

バターしょうゆごはん。これに、お茶をかけると、柚子こしょうの香りが広がり、全体をしっかりまとめあげる。ちくわのだしも、結構きいてます。

ズボラーさんの平謝り

「締めのお茶漬け」のいいところは、やっぱり洗いものがラクになること。
お湯でごはんがふやけるので、お茶碗にこびりつきません。
マヨネーズなどの油ものも、お湯だとすっきり落ちますし。

まきまき

おいしい、新しい、食べやすい

巻きおにぎり

このおにぎり。見た目は完全に細巻きですが、おにぎりです。

朝は誰でも忙しいもの。でも、朝食抜きはつらいから、何とか食べてもらいたい。そんなときこそ、本領発揮。

このおにぎりの最大の特徴は、何と言っても食べやすさ。何をしながらでもいただけます。現代の朝事情に合わせた新おにぎり。今の愛情とはこういうものかもしれません。

はじめましてー！
のり巻きじゃないよー
なんか新しいのきた！
きゃーっ

材料（2本分）

ササッと
3分

・のり（全形）…1枚
・ごはん…120g
（食欲に応じて調整を）
・青じそ…4枚
・具材（卵サラダ、明太子、鮭フレークなど）…大さじ3〜4
↓または昨日のおかずやウインナーなど

作り方

①のりは半分に切る。
②まな板の上にラップをしき、焼きのりを縦におく。
③約60gずつのごはんをざっと平らにのせ、青じそ、具材を芯にして巻き、ラップで包む。
※のりを細長い4等分にしてから、ごはんを30gずつ巻けば、一口サイズになります。

ピカ
ピカ
洗いものがいらない
パカッ
あらゆるすき間に
巻きおにぎり
取扱説明書
せっせ
せっせ
せっせ

着替えながら、化粧をしながら。持ちやすく、大口を開けずに口に入るので、おにぎり以上に気楽に食べられます。でも、まだまだ秘められたポテンシャルが！

巻くこと自体が楽しい
飾り巻きにも挑戦できるかも
ときにはモノボケ
＊食べもので遊んではいけません
目線
ワタシモハジメハー
袖と手で隠しながら食べられるからバレない

今日の納豆

いつものタレと辛子をやめてみた

ここは納豆好きの楽園。苦手な方は、読み飛ばしてください。

納豆という食材は、じつに豊かな表情をもっています。食道楽として名高い北大路魯山人は、何回混ぜるといちばんおいしいのか。など、納豆の探求に余念がなかったとか。

みなさんも、納豆パックについているタレと辛子を、なんとなく使う日々からは卒業です。納豆の新しい表情を引き出す、魅力的な相棒を紹介します。昨日までの納豆と、今日の納豆は、きっと別物。

お手つき歓迎 納豆かるた

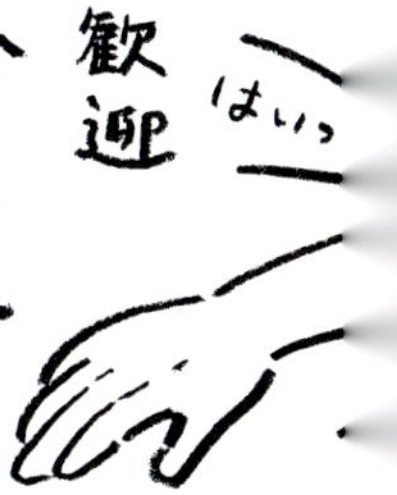

きょ

きょとんとしないで西洋納豆

アボカド

塩

オリーブ油

う

うますぎ注意安定納豆

生卵

しょうゆ

の

残さず食べたい香り納豆

柚子こしょう

マヨネーズ

長ねぎ

な

なんて立派な一品納豆

しょうゆ

ツナ

玉ねぎ

つ

ついにチーズだ。まろやか納豆

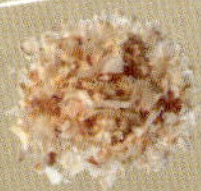
削り節

しょうゆ

クリームチーズ

う

うちのイチオシ中華納豆

ごま油

しょうゆ

貝われ菜

と

友だち同士？似た者納豆

めかぶ

しょうゆ

添え茶で満ちる、心とお腹

火を使わない 3分丼

トマトチーズ ツナ丼

とろけたチーズとフレッシュなトマトが絡み、ツナのコクがきいた一品です。

ササッと 3分

材料(1人分)

・ごはん…150g
・スライスチーズ…1枚
・トマト…1/2個
・ツナ缶(小)…1缶
・しょうゆ…小さじ1

作り方

①トマトは角切りにする。
②熱々ごはんにチーズをのせ、①、汁をきったツナを順にのせる。しょうゆを振っていただく。

添え茶 カモミールティー

カモミールティーのかすかな苦みが口内をリセット。何度でも、食材が三位一体となる味の過程を楽しめます。

わかめ豆腐明太丼

明太子を豆腐と和えることでクリーミーに。
豆腐の水分で、わかめがしっかり戻り、気持ちよくごはんが進みます。

材料（1人分）

・ごはん…150g
・木綿豆腐…1/2丁

A
乾燥わかめ…小さじ1
明太子（ちぎる）…1/2腹
ごま油…小さじ1
しょうゆ…小さじ1

ササッと3分

作り方

①豆腐にAを順に加えて混ぜ、熱々ごはんにのせていただく。

添え茶 **玄米茶**

玄米の香ばしさが、口に残るわずかな辛みと一体に。あと味すっきりで、どんどん箸が進みます。

アボカド柚子こしょう丼

とろけるアボカドに柚子こしょうの風味。朝からカフェごはん気分も味わえます。

ササッと ③分

材料（1人分）

・ごはん…150g
・アボカド…$\frac{1}{2}$個
A 柚子こしょう…小さじ$\frac{1}{2}$
　オリーブ油…小さじ2
　酢…小さじ1
・朝食のり…2枚

作り方

①熱々ごはんにのりを散らし、スプーンですくいながらアボカドをのせる。混ぜたAをかける。

添え茶
ローズヒップティー

食べたあとのローズヒップティーは、柚子の香りは残し、油分だけをすっきり消し去ってくれます。

ザーサイじゃこナッツ丼

噛むほどにナッツの香ばしさがザーサイの風味と絡み、意外なほどごはんとマッチ。

材料（1人分）

・ごはん…150g

A
ザーサイ…20g
ミックスナッツ…20g
ちりめんじゃこ…大さじ1
万能ねぎ…3本
ごま油…小さじ1

ササッと3分

作り方

①万能ねぎは小口に切り、ナッツは粗く刻む。Aをざっくり混ぜ、熱々ごはんにのせていただく。

添え茶 ウーロン茶

脂肪分のある食材が多いので、そういうときは、やっぱりウーロン茶。バシッと切れます。

ズボラーさんの平謝り

きたきた。私の好きな丼もの。私の好物は、その名も「昨日の夕食残り丼」。簡単なだけじゃなく、夕食を残してもいいという安心感から、やせるかも!? なんて幻想まで持てるのよ。ま、幻想だけど。

お米から炊いたみたいな本物感

いたわるおかゆ

風邪っぽい。食欲がない。そんなときは、やっぱりおかゆ。

ふつうのおかゆはお米から炊き上げますが、このおかゆは炊いたごはんから作れるおかゆ。

ごはんを一晩水につけておくことで、おかゆを炊くときの水の粘度に近づきます。だからごは

んがくだけず、米にハリがあり、汁がとろとろのおかゆができるんです。

あとは、体調に合わせて食材を足して、体を優しくいたわりましょう。お大事に。

材料（1人分）

ササッと3分

・ごはん…100g

A 水…1と1/2カップ
塩…ひとつまみ
昆布…あれば2cm角1枚

作り方

① **前日に** ごはんをAにつけて冷蔵庫へ入れておく。

② 鍋（16cm）に移し、煮立たせる。

※当日作る場合は、鍋にAを煮立たせ、ごはんを加えて中火で3分煮る。

ピンチの朝のお薬レシピ

「おかゆさん」と親しみを込めて呼ばれてきた、米から作れる、食べるお薬。体調が悪いとき、心が疲れたとき、体の芯から満ち足りていく感覚を、味わってみてください。

二日酔

→梅がゆ

梅干しを入れて煮立て、ちぎった貝われ菜をトッピング。酸味と塩分で、口がさっぱり。胃もリセットされた気分。

梅干し

風邪気味

→ダブルしょうが

薄切りしょうがとともに煮立て、最後にすりおろししょうがをトッピング。しょうゆとごま油がよく合います。

しょうが薄切り

しょうがすりおろし

憂鬱

→好きなもののせ

好きなもの、何でものっけちゃえ!

ウインナー

塩鮭

チーズ

バター

食欲がない

→溶き卵がゆ

水1/2カップ分を豆乳か牛乳に替えて、ざっくりほぐした卵を加えて、塩昆布。

豆乳

塩昆布

卵

ズボラーさんの平謝り

しまった! 明日の朝食べるものが何もない。かろうじて、冷凍庫にごはんが少しだけ。
そんな日でも、おかゆにすれば、増量されるわふくらむわ。食べごたえは太鼓判。
あ、体調はべつに悪くないですよ。すこぶる元気です。

はじめての、玄米炊き方講座

ビタミンB群や食物繊維など、高い栄養素を含む玄米。これはもはや、ごはんと言うより「野菜」と言ってもいいくらいです。ただ、体にいいのはわかっていても、炊くのが難しそうな印象のせいで、まだ手を出せていない方もいるのではないでしょうか。じつはとっても簡単なので、この機会にどうぞ。

知る

そもそも玄米って何？

籾を脱穀したら玄米。玄米を精米したら白米。つまり玄米とは、精米前の白米のこと。一般的に「米ぬか」と呼ばれる、表皮がついたままのお米のことをさします。

買う

最近は、スーパーでも売っていますが、お米屋さんなら確実。量り売りで少量から売ってくれるところもあるので、お店の人に相談しながら買ってみても。

玄米：白米を1：1にすれば、白米と同じとぎ方、水分量、白米モードでOK。最初はこれがおすすめじゃ

炊く

玄米モードのある炊飯器なら、白米と同じように、玄米の水位まで水を入れて炊けばＯＫ。もし玄米モードがないなら、下のやり方でやってみて。

材料

- 玄米…2合
- 水…一晩浸水の場合は500mℓ、熱湯で浸水させる場合は550mℓ

作り方

①玄米はザルにとり、サッと洗い、水を捨てる。2〜3回とぐ。

①

②かぶるくらいの水を注ぎ、冷蔵庫で一晩浸水させる。急ぎの場合は、たっぷりの熱湯に①を入れて10分つける。

②

③炊飯器に玄米を入れ、分量の水を注ぎ、平らにする。

③

④白米モードでふつうに炊く。

食べる

もちろん白米と同じ食べ方もおいしいですが、玄米は水を吸いにくいので、カレーなどの汁けのあるものが、白米以上に合うんです。また、表皮の芳香はスパイスにマッチするので、エスニック料理にも。サラダに混ぜるなど豆類と同じ感覚で使うのもいいですね。

保存はどうするの？

炊く前なら、浸水後の玄米をビニール袋に入れて、冷蔵庫で保存すれば2日は持ちます。炊いたあとは、白米と同じように一食分ずつラップに包んで冷凍保存も可能。

この本の組み合わせでできる③

古きよき日本の朝ごはん

日本の特技「おもてなし」を再現。昔ながらの和食でそろえ、出てくるすべてが温かい。疲れた体を優しく温め、内臓機能を正常化。ほっと落ち着いた朝を迎えたいなら、こんな献立はいかがでしょう。

梅がゆ→P80
あじの干物
巻かないだし巻き卵→P28
うちの味噌汁→P120

朝におすすめ!干物の種類

冷凍もでき、焼く時間も短い。
そして、何と言っても、
魚臭い煙も出にくい。
敬遠されがちだけど、
じつは干物って調理のハードルが
低いんです。魚焼き用のホイルを
使えば、フライパン洗いも不要。

フライパンを使った干物の焼き方

フライパンを温めて油を薄くひき、そのまま中火で焼くだけ。盛り付けるときに表になる、身のほうから焼いていくのがポイントです。両面がほんのり色づき、いい香りを感じられたら食べごろ。

栄養界の王様！

お米のふしぎを聞いてみた

Q ごはんには、糖質以外にどんな栄養があるの？

A タンパク質や食物繊維もバランスよく摂れます

ごはんはエネルギー源にしかならない、なんて思っているそこの君。ちゃんちゃらおかしいね。

ミーは、タンパク質、脂質、ビタミンB_1、B_2、カルシウム、鉄といった、たくさんの栄養素をバランスよく抱きしめているのさ。

え？　でも肉や魚に比べたらタンパク質少ないじゃん、って？

いい質問だ。もちろん正しい。でも、肉だけで食事が成り立つと思うかい？　ユー、アスリート？

でもミーの場合、梅干しだけでも立派な朝ごはんになるのさ。さっきのタンパク質も、ごはん1杯で、一日に必要な量の7%くらい摂れちゃうんだ。ま、でもミーの主食はエスカルゴだけどね。

Q ごはんはどうして腹持ちがいいの？

A 粒が大きいから消化に時間がかかるためです

ミーの大好きなフランスパン。パンは小麦粉からできていることくらいユーたちでもわかるよね。

そうなんだ。パンはもともと粉だから、軽い噛みごたえと喉ごしだけに、消化吸収も早いんだ。ま、その儚さがミーは好きなんだけどね。

それに対してミーは粒状だろ？　だから消化するのに時間がかかって、胃の中に残り続けるわけさ。空腹感ってのは、空腹中枢（摂食中枢）が刺激されることで感じるんだけど、胃に物が残っていれば、なかなか刺激されないから、腹持ちがいいと言われるわけさ。

Q やっぱり、無洗米より白米のほうがおいしい？

A それほど大きな味の違いはありません

お米をとぐのは、表面の「肌ぬか」を取るため。無洗米は、この「肌ぬか」を取ったものなのさ。

さて、肝心の味なんだけど、正直言ってミーにもわからない。産地、品種、精米方法、肌ぬかを取る方法。これらでお米の味は大きく変わるからね。

無洗米が売られているスーパーでも、おいてあるのはだいたい1種類くらい。ブランドや品種はあまり選べないのが現実かな。

だから、ブランドにこだわったり、食感に好みがあるなら、ふつうの精白米を選ぶのが無難だよ。つまり、君しだいってことさ。

Q 朝にいいお米の品種ってあるの？

A 朝は甘めのお米より、さっぱりしたお米のほうがいいかもしれません

お米は大きくわけると、ササニシキ系とコシヒカリ系にわかれるのさ。で、こんな言葉を知ってるかい？　「ササッと食べたいササニシキ。腰を据えたいコシヒカリ」ってね。まあ、ミーが考えた言葉だから、ユーたちが知ってるわけないんだけどさ。

でも、この言葉通り、朝はササッと食べたいから、甘さ控えめで、粘り気が少ないササニシキ系をおすすめするよ。

本家ササニシキはあまり売られていないけど、ササニシキの味わいがあるお米は「東北194号」とか、いろいろ手に入るから、試してごらんよ。まあ、ミーの朝は、パンかガレットだけどね。

包丁&まな板いらず

やっぱり麺が好き！

朝から麺。ちょっとめずらしいかもしれませんが、麺は、朝に最適な大穴メニューなんです。消化がよく、朝に足りない水分を補える。さらに、喉ごしよく、あまり噛まずにスピーディーにつるつるいただけます。包丁とまな板は、ほぼ、使いません。

塩レモン麺

ササッと 5分

材料（1人分）

- 水菜…30g
- かにかま…2〜3本
- そうめん…50g
- レモン（輪切り）…3〜4枚
- ごま油…小さじ1

バターミルク麺

ササッと 5分

材料（1人分）

- レタス…2枚
- ハム…2枚
- そうめん…50g
- 牛乳…1カップ
- バター…5g

作り方

①レタスとハムは、ちぎる。
②鍋（18cm）に1と1/2カップの熱湯をわかして中火にし、そうめんを加えて1分ゆでる。①、牛乳を加えて1分煮る。
③器に盛り、バターを加えて、お好みでしょうゆ、こしょう少々をかけていただく。

作り方

①かにかまは粗くほぐす。水菜はちぎる。

②鍋（18㎝）に3カップの熱湯をわかして中火にし、そうめんを加えて1分ゆでる。①を加え1分煮る。

③レモンを加えて器に盛り、ごま油、お好みでラー油をかける。

バター しょうゆツナ うどん

材料（1人分）

- 冷凍うどん…1人分
- ツナ缶（小）…1缶
- 貝われ菜…1/2パック
- バター…10g
- しょうゆ…小さじ2

ササッと 5分

作り方

①耐熱皿にうどんをのせ、ふんわりラップをかけ、レンジに2分かける。

②器に盛り、ツナ、根元をちぎった貝われ菜、バターをのせ、しょうゆをかける。混ぜながらいただく。

ズボラーさんの平謝り

包丁もまな板もなくたって、キッチンばさみ、ピーラーを使って、
お鍋の上でチョキチョキ、シュシュシュ。具はちょっと不恰好になったけど、うん。
これが個性ってやつだよね？ ね？

朝から自分を甘やかす、デザートの朝ごはん

体形や健康を気にしているのに、どうしても食べたくて、でも食べてしまって後悔する。そんな食べもの、甘いもの。

もしかしたら、人生とは、甘いものと格闘しながら生きることなのかもしれません。

でも、甘いものとの格闘に唯一、勝機を見出す方法があるのです。

それが、朝ごはんとして食べてしまうこと。

朝の甘いものは、消化されて、午後2時ごろにはエネルギーとして使われていきます。

でも、エネルギーが清算されても、「甘いものを食べた」という記憶は残ります。

そのため、昼や夜に甘いものを食べたいという気持ちが出にくくなり、もし、出たとしても「朝にたっぷり甘やかしたんだから」と抑制効果がはたらきます。

また、朝はまだ何の刺激も受けていないので、舌も鼻もクリアな状態。

だから、夜に食べると「甘い」ものが、朝だと「甘〜い！」ものに感じられ、おいしいスイーツを食べた喜びが、「罪悪感」ではなく「充実感」に変わるのです。

今まで夜にあげていた「一日がんばった自分へのごほうび」を「一日がんばる私への投資」にしてみませんか？

デザートの朝ごはんのメリット

・パンやお米は炭水化物→でんぷん→糖質と分解されてから吸収されるが、デザートはいきなり糖質を摂取するので、体に負担をかけず、すぐエネルギーにできる。とくに、脳のエネルギー源は糖質！
・牛乳やヨーグルトなどカルシウムが豊富な食材が多く、イライラした気持ちを抑制させる効果も。

現代に生まれた喜びを感じる

贅沢パンケーキ

卵も牛乳も砂糖も高級品だったその昔。欧州では、パンケーキは、謝肉祭の最終日に食べる、贅沢で特別な料理だったのです。

時代は流れ、卵も牛乳も砂糖も安価で手に入る現代。パンケーキは特別でも贅沢でもない、ふつうにおいしい料理になりました。

贅沢パンケーキ。ここで紹介したい贅沢とは、歴史の贅沢。「過去の特別」をふつうに食べている贅沢です。そのことを思うだけでも、休日の朝が、いつもより贅沢に感じられるかもしれません。

材料（6枚分）

ゆったり 25分

A 薄力粉…100g
　ベーキングパウダー…8g
　砂糖…50g
- 牛乳…1/2カップ
- バター（1cm角に切る）…20g
- 卵…1個
- メープルシロップ…適宜

作り方

①Aをビニール袋で混ぜる。バターをレンジに20秒かけ溶かす。
②ボウルに卵を割り入れ、泡立て器でほぐす。牛乳、①のバターを加え均一になるまで混ぜる。
③Aを加える。粉っぽさがなくなり、つやが出るまで混ぜる。
④フライパン（26cm）を中火で熱し、油を薄くひき、濡れぶきんに10秒のせる。生地をお玉1杯ずつすくって2枚分流す。
⑤火に戻してフタをし、弱火で4分、プツプツしたら返して1〜2分焼く。これを3回焼く。

オリジナルパンケーキミックスを作ろう

贅沢パンケーキの配合を少し変えるだけで、お好みに合わせた食感や味わいが作れます。牛乳、バター、卵の量は上記と同じです。スケールがなければ、計量カップでもOK。その場合、ギュッと押さえず、ふんわり量って。

塩味パンケーキ

Salty!…

甘いものが苦手な人にも喜ばれるパンケーキも作れます。ベーコン、チーズなどを添えてお食事系にするもよし。甘いシロップで甘じょっぱくするもよし。

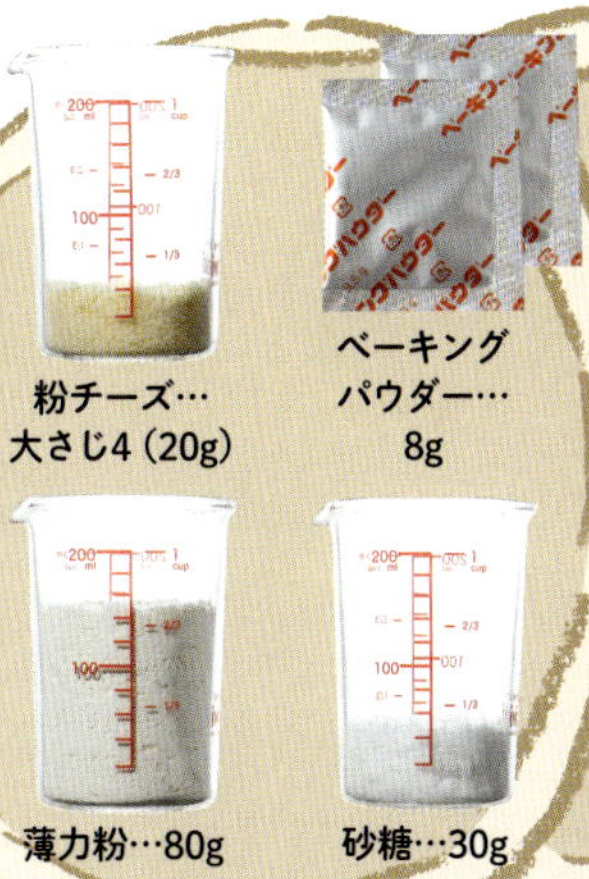

もちふわパンケーキ

fluffy!…

ベーキングパウダーを減らして片栗粉を混ぜるだけで、もっちり感がアップ。ふつうのパンケーキより腹持ちも◎。7〜8枚できます。

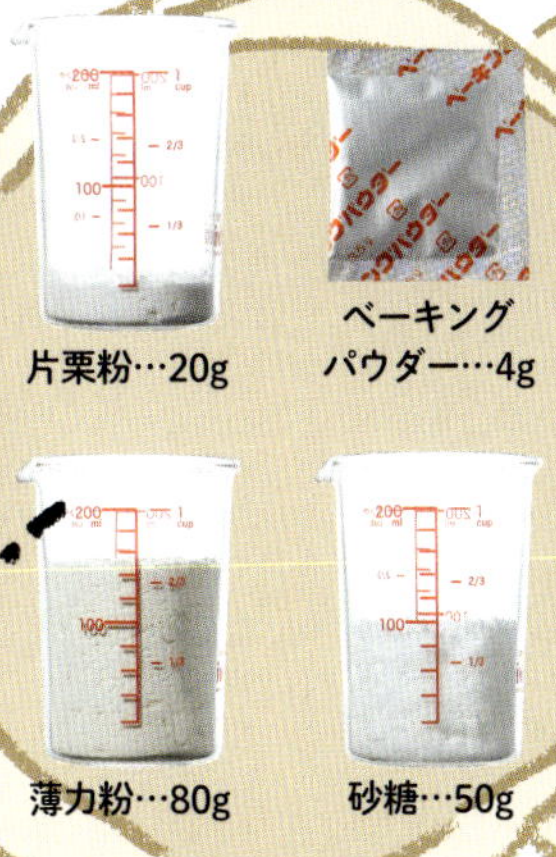

ズボラーさんの平謝り

私はもう、前日に焼いちゃいますよ。え、朝どう食べるかって？
じつは、あんこやはちみつ、ホイップクリームをはさんで、どら焼きみたいにするんです。
焼いたパンケーキをラップの上において作れば、はい、洗いものもなし！

グラスの中に放り込むだけ

朝パフェ

ササッと3分

食べたいのに罪悪感。それがパフェという食べもの。でも、朝なら許されます。

だから、思う存分パフェの魅力を引き出して、心もお腹も満足させてあげましょう。

たっぷりの生クリーム。アイス3個のせ。今感じているストレスに応じて贅沢を調整。休日に買い求めたおしゃれなグラスを用意するなど、ちょっとひと工夫。あとは、材料をグラスに集結させれば、た

ベリーショートケーキ風パフェ

果物とジャムの酸味、カステラと生クリームの甘み。見ただけで、即食べたくなるという怖さを感じる魅惑のパフェ。最初にグラスの底でいちごをつぶしていちごミルクを作ってからトッピングしましょう。

め息ものの可愛さに。

洗いものも、グラス1つで完結するので、これなら毎日パフェでもいいかも。

抹茶あずきだんごパフェ

串だんごなら、あんことだんごの二役が1本で。そして抹茶、きな粉と、和の風味がこれでもかとやってきます。最後に豆乳をかけると、全体がとろ〜り。食べやすいのがむしろ怖い。

チョコバナナパフェ

喫茶店で定番のこのパフェも、材料さえ買えば、作るのは簡単です。白と黒で彩られたモノクロパフェ。でも、味は白黒はっきりしておらず、バナナとチョコが仲よく襲いかかってきます。

ズボラーさんの平謝り

パフェの醍醐味といえばクリーム。これも私はホイップ済みの市販品を買っちゃう。

朝だから、遠慮なくうにうにとたっぷりのせてます。あと、入れものは断然、小鉢で「サンデー」派。

グラスと違って奥のほうを洗わなくていいから、洗いものもラクなのよ。可愛さはグラスが勝つけど。

お皿に残るカリカリが楽しみ

バナナのキャラメリゼ

バナナを1房買ったはいいけれど、なかなか食べきれなくて、最後には真っ黒。でも、砂糖とバターさえあれば、最後までバナナが美味なんです。

ちなみに砂糖の主成分である「ショ糖」は、加熱によって分解され、2種類の糖に変わります。その分うまみが膨らみ、よりおいしくなります。

盛り付けるとき、お皿にもカラメルをのせれば冷えてカリカリに。アイスを添えても。

材料（1人分）

・バナナ（またはりんご）…1本
・砂糖…大さじ2
・バター…5g

作り方

ササッと 5分

①バナナは皮をむいて乱切りにする。
②フライパン（20㎝）に砂糖、水少々を広げて中火にかける。
③砂糖が溶けて濃い褐色になるまで触らない。バナナを加えて強火にし、全体に絡んだら、バターを加えて絡める。

ズボラーさんの平謝り

P56の春巻きの皮で、クレープみたいに包むと、お皿を洗わなくてすむのでおすすめ。
前日にバナナ3本分くらい一気に作って、冷めたのを食べてもおいしいんです。
うーん、これ、いちおうズボラだけど、ただの「おいしい食べ方」かもね。

あ、卵と牛乳の味がする

マグカップ プリン

マグカップに入れて、電子レンジでほうっておくだけで作れる簡単プリンです。

作りたての熱々をハフハフ食べても、冷蔵庫で冷やしてプルンと食べても、卵と牛乳の香りが口いっぱいに広がります。

また、何をかけるのかもポイント。甘いメープルシロップもいいけれど、カラメル代わりの苦みがほしいならインスタントコーヒーをパラパラ。

材料（1人分）

・卵…1個

A
- 砂糖…大さじ2～3
- 牛乳…80mℓ
- 水…大さじ1

作り方

①ボウルに卵を割ってフォークで溶き、Aの材料を加えさらによく混ぜる。茶こしでこしながらマグカップに移す。

②ジップロック®コンテナーに①を入れ、ぬるま湯をプリン液の水位まで注ぎ、レンジに3分かける。マグカップをゆすって表面がふるふる揺れるまで、様子を見ながら20秒ずつかける。

ササッと 5分

直径7cm、高さ5cm以上のマグカップを使ってください。ぬるま湯は、水道から出てくる40℃くらいのお湯でOKです。

毎日を新鮮にトッピング

飽きないヨーグルト

300種類以上の乳酸菌を含み、カルシウム豊富で、さわやかな口当たりが朝にぴったりのヨーグルト。でも、1パック450gほどある場合、一人で食べきろうと思うとマンネリになりがち。そこで、ヨーグルトの系統を知り、それぞれに相性のいいものを組み合わせてみましょう。「朝はなんとなくヨーグルト」だった方ほど、発見があるはず。

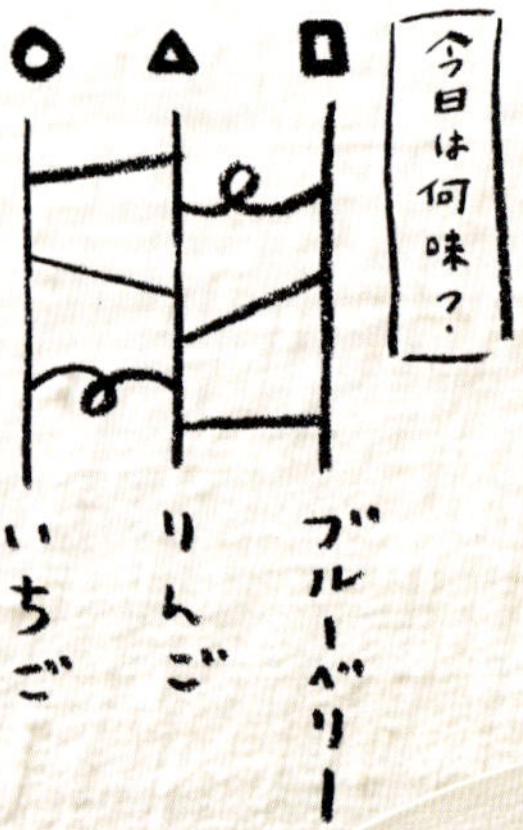

ジャムを味わう

酸味系ヨーグルト

本場ヨーロッパの本格的なヨーグルト。そのすっぱさは、甘〜いジャムと合わせるとコントラストが明確になります。小さなジャムをたくさん買って、日替わりで楽しみたい味。

カリカリを味わう

なめらか系ヨーグルト

とろりとした水分多めのヨーグルト。水分の少ないカリカリトッピングと合わせれば、2つの食感が楽しくて、あっという間に食べきってしまいます。

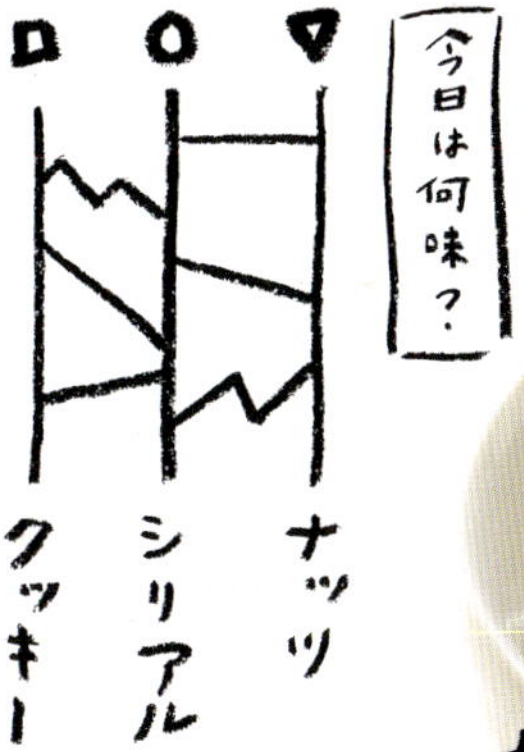

ドライフルーツを味わう

濃厚系ヨーグルト

水分が少なめの濃厚系は、同じく濃厚な甘みをもつドライフルーツがおすすめ。前日に合わせて、冷蔵庫で一晩おけば、ドライフルーツが水分を吸ってプルンプルンに！　この新食感はハマります。

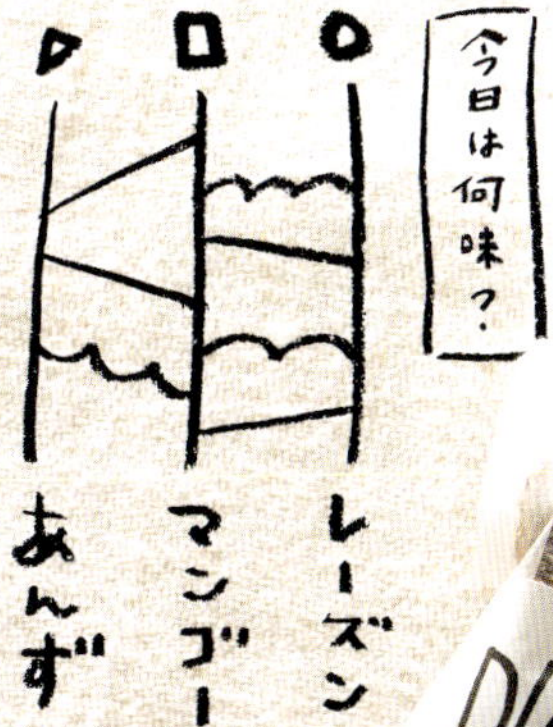

ズボラーさんの平謝り

一人だからできることですが、買ってきたヨーグルトに、先にドバっとジャムを混ぜちゃう。そうすると、朝は器にあけて食べるだけで、味付けしなくても大丈夫。そのかわり、まるごと1個、ずっと同じ味です。ずっと……、ずっと……。

牛乳だけが、すべてじゃない

シリアルのポテンシャル

第三の主食として、朝食の市民権を得ているシリアル。とうもろこし、麦、燕麦などの穀物を加熱したものです。もともとは、効率よくエネルギーを摂取するための治療食として誕生しました。

そのため牛乳をかけると、栄養バランス抜群の完全食になりますが、毎日牛乳だけだとつい作業的に。組み合わせを工夫して、新しいマイシリアルをみつけてみてください。

WHAT IS THAT CEREALS MADE OF?

シリアルは何でできている?

the resolution
Sweets cereal
スイーツシリアル

アイスクリームのせ
軽くフルーツを添えればもはやパフェ。

カフェオレ
ほんのりした苦みが、より甘みを引き立てます。

発展祈願！
シリアルサミット

ここは、シリアルたちが
今後のシリアル界の戦略を練る、
シリアルサミット。
おなじみのコーンフレークから、
グラノーラ、ミューズリーまで、
多数のシリアルとともに、
新しいおいしさを生む
組み合わせを提案しています。

きなこ＋黒蜜＋牛乳
黒蜜を買うハードルはある。でも、それを超えるほどハマります。

the resolution
Non milk cereal

ノンミルクシリアル

豆乳＋メープルシロップ

イソフラボンと大豆由来の脂肪、タンパク質が摂れます。

オレンジジュース＋ヨーグルト

目の覚めるすっぱさは、夏の朝にぴったり！

トマト＋はちみつ＋ヨーグルト

甘いのに罪悪感なし。これもトマトの力！

アーモンドミルク

糖質が少なく血糖値の上昇も緩やか。ダイエットにも。

the resolution
Non Sweets cereal

甘くなくてもおいしいシリアル

濃厚コーンスープに

クルトン代わりにコーンフレーク。コーンとコーンなので、違和感なくなじみます。

ポテトサラダに

ポテトのぼってり感と、シリアルのカリッと感が、ポテサラをさらなる高みへ。

スクランブルエッグに

シリアルのカリカリ。そして卵のふわふわ。食感のオーケストラや～。

元気な日に、しんどい日の準備

ハンドメイド エナジーバー

元気がないときでも食べられる、手軽で、噛みごたえもあり、甘さたっぷりのお楽しみ食、エナジーバー。

冷蔵庫で1週間は持つので、元気で余力のある休日にまとめて作れば効率的。少し元気が出ない朝、作ったときの自分を思い浮かべて食べてみて。栄養だけでなく、エナジーバーに閉じ込めた元気の記憶もいっしょにいただけるので、市販のものより元気を充電しやすい朝ごはんなのです。

材料（18×12×3㎝のバット1台分）

・マシュマロ…60g

A シリアル…150g

（シリアルに、ナッツなどの具が入っていなければ、シリアル100gとナッツ、ドライフルーツ合わせて50gを混ぜる）

作り方

ゆったり 10分（冷やす時間は除く）

①バットにオーブンシートをしき込む。

②マシュマロを耐熱ボウルに入れ、ラップなしでレンジに1分かける。Aを加え手早く混ぜる。

③バットに②を流し広げて平らにする。上にオーブンシートをのせて、コップの底など平らなものでしっかり押さえつける。

④冷蔵庫で1時間冷やし固める。食べやすく切る。

※マシュマロを50gにし、②のボウルにくだいたチョコレート20gを加えると、チョコバーに。

漢方の調合気分でオリジナルシリアル

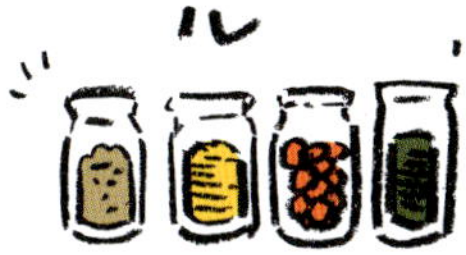

ナッツ、フルーツには、それぞれ薬効があります。左にその薬効のほんの一部を紹介するので、調剤師になった気分で調合し、自分専用のお薬を作ってみましょう。

くるみ

脳の活性化、動脈硬化予防、生活習慣病予防

レーズン

脳の活性化、動脈硬化予防、生活習慣病予防

アーモンド

アンチエイジング、便秘改善、ミネラル補強

ブルーベリー

アンチエイジング、便秘改善、眼精疲労

カシューナッツ

疲労回復、味覚回復、動脈硬化予防

アプリコット

疲労回復、味覚回復、動脈硬化予防

かぼちゃの種

ホルモンバランス正常化、ミネラル補強

いちじく

ホルモンバランス正常化、ミネラル補強

ズボラーさんの平謝り

せっかくの休日に朝ごはんの準備なんてめんどくさい……。でも、考え方を変えてみました。実際にこれを作る時間は、8本で10分くらい。これで4日間の朝食を作る時間が0分。洗いものの時間まで考えれば、断然こっちのほうが得でした。

体にいいことしてる気分、フルーツ・野菜の朝ごはん

「最近、野菜不足だけどなかなか……」「食べなきゃとは思うけど、めんどうで……」

食べているときのヘルシーな気分とは裏腹に、

結構ハードルの高い食材。それが、野菜やフルーツです。

さらに、買ったはいいけど腐らせてしまう、なんてこともしばしば。

でも、大丈夫。昼や夜だと野菜を摂れない方も、朝ならうまく組み込めます。

しかも、朝食べる野菜やフルーツは、

敏感な味覚で、素材の味をストレートに感じやすいので、

だんだん「おいしいから食べよう」「気持ちいいから食べよう」となってくるんです。

この気持ちよさにも理由があります。

フルーツには、「果糖」という糖分が含まれているのですが、

これは、ごはんや砂糖よりもダイレクトに、吸収されやすい糖分。

食べたあとにすぐエネルギーとして使われやすく、新陳代謝をよくする効果も。

一日でいちばん気持ちいい食事を、朝に。

朝から清々しい栄養を与えられた。その自覚が、一日を軽やかにしてくれます。

フルーツ・野菜の朝ごはんのメリット

・ビタミンA、C、Eのほか、アントシアニンなどのフィトケミカルと言われる抗酸化成分など、元気になる栄養素が豊富。

・加熱せずに食べられるものからは酵素が摂れ、食物繊維、水分も豊富なので、お通じもよくなる。

洗って盛るだけで、ご立派

切らなくていいフルーツ

ササッと1分

朝にフルーツを食べるのはいいに違いない！　と思っていても、切ったりむいたりするのはめんどうだし……と敬

バナナ

食物繊維が多いため腹持ちがよく、体内のミネラルバランスをととのえるカリウムなども豊富。

ぶどう

名前の通り、主成分であるブドウ糖は、すぐにエネルギー源に。疲労回復効果も高いのです。

切らないフルーツで、旬を感じよう

1・2・3月	4・5・6月	7・8・9月	10・11・12月
いちご	さくらんぼ びわ	すもも いちじく	みかん りんご

遠している方も多いはず。

　でも、このフルーツたちなら、切らなくてもそのまま食べられるので、とってもラクちんです。

　これらすべてを器に盛り、フルーツパラダイスを作っても楽しいかも。ドライフルーツの濃さが、いいアクセントになります。

ドライフルーツ

フルーツの水分が抜けたものなので、食物繊維などの恩恵を、少量で得ることができます。

いちご

大きいものならたった5粒で、一日分のビタミンCが摂取できるいちご。風邪の予防にも。

忙しい朝もするりと食べやすい

スマイルカットフルーツ

サッと3分

いろいろなフルーツを食べたいけど、切るのがめんどうで、なかなか手が出ない……。

でも、ここで紹介する「スマイルカット」なら皮をむく手間は不要。あっという間に切り終わるのに見た目も華やか。しかも食べやすいんです。

スマイルカットという名前は、かぶりついたときの皮の形が、まるで笑った口元のようになることからつけられたもの。

どのフルーツも1つ100円くらいで買えることが多いので、お財布にもスマイルが。

キウイ

キウイは輪切りにして皮をむいて……となりがちですが、ここでは皮つきのままくし切りに。一口目にキウイの芯の甘みがきて、緑の部分の酸味が、あと味を軽やかにします。皮をむかなくてもいいし、つるんと食べられて気持ちいいんです。

オレンジ グレープフルーツ

ふつうは、ヘタとおしりをつなぐ線を垂直に切って、くし切りにしますが、まずヘタを1cmほど右に傾けて。そこから垂直にナイフを入れて半分にします。そのあとくし切りにすると、皮から身がプリッと離れますよ。

りんご

りんごはふつう、くし切りにしてしまいますよね。でもそこで、なんと輪切り。こうすれば食べるときに皮が気にならないし、種を切り取るひと手間も不要です。しかも、ぐるぐる回してかじる食べ姿が、子リスみたいで可愛い！

ズボラーさんの
平謝り

切る回数をいかに少なくできるかに挑戦中の私。たとえばりんごは、買ってきたらすぐ洗ってよく拭いて、朝はガブリと丸かじり。芝生の上のイギリス人だと思えば、おしゃれでしょ。キウイは前日の夜に半分に切っておけば、朝スプーンですくうだけ。

飲みもののように、ごくごく食べる

簡単アサイーボウル

アサイーはブラジル生まれ。ハワイでアサイーボウルとして定着し、世界を半周したこのメニュー。日本でのブームも落ち着いた今ですが、肌、目、腸、血液。体のさまざまな部分を美しくする高い栄養価は、やっぱり見逃せません。

とろりとしたスムージーと、ざくざくグラノーラ。忙しい朝でもごくごく食べられる、健康を実感するおいしさです。

材料（1人分）

・冷凍アサイーピュレ…100g
・ヨーグルト…大さじ4
・バナナ…1/2本
・トッピング
バナナ（輪切り）…1/2本
グラノーラ…30〜40g
お好みのベリー類…適量

ササッと 5分
（常温におく時間は除く）

作り方

①アサイーピュレを常温に5〜10分おき、半解凍する。
②保存袋にバナナをちぎりながら入れ、①、ヨーグルトを加えて空気を抜き、口を閉じる。
③手の熱が伝わりにくいよう、タオルなどの布で包んで、こぶしでつぶしながら混ぜる。
④器にグラノーラの半量を入れ、③の口を開けて器に出す。
⑤バナナ、残りのグラノーラ、ベリーを飾り、お好みではちみつなどの甘みを足していただく。

ジューサー不要！ もむだけスムージー

上のアサイーボウルのように、冷凍フルーツを保存袋に入れて、もみもみするだけでできるスムージー。もったりとした口当たりで、ジューサーとは違ったおいしさがあります。材料はすべて1人分です。

アボカドアイスヨーグルト

アボカドのコクとアイスの甘みを、ヨーグルトが飲みやすくコーディネート。

材料（1人分）

・アボカド…1/2個（80〜100g）
・バニラアイス…60g
・ヨーグルト…80g

ブルーベリー豆腐

豆腐のまろやかさが強く、ブルーベリーの粒々が心地いい。かなりヘルシーな味わいです。

材料（1人分）

・冷凍ブルーベリー（常温に5分ほどおく）…100g
・絹ごし豆腐…150g
・砂糖（またははちみつ）…大さじ1〜2

マンゴーヨーグルト

スムージーの王道。マンゴーのオリエンタルな香りと濃厚な甘み。ヨーグルトの酸味がマッチ。

材料（1人分）

・冷凍マンゴー（常温に5分ほどおく）…100g
・ヨーグルト…150g

野菜からもらえる、わかりやすい元気

いい音サラダ

いろいろな野菜を買ってみたい。だけど、簡単に食べられて、彩りもきれいな野菜を選ぶと、いつもミニトマト、レタス、きゅうりなど決まったメンバーになりがち。

でも、同じメンバーでも切り方や盛り付け、ドレッシングを変えれば、まったく違うサラダに変身するんです。

サラダごとに異なる、シャキシャキしたテンポのよい歯ざわりは、一日をすごす軽快なリズムへ。噛むたびに口に広がる瑞々しさは元気そのもの。食べるだけで気分が上がる。それがいいサラダです。

材料（作りやすい量）

- レタス…1/4個
- きゅうり…1/2本
- ミニトマト…4〜5個

ササッと 5分

同じ野菜でも別のサラダにする方法

サラダの構成要素は、野菜の種類だけではありません。
切り方、盛り付け、ドレッシング。これがサラダの3要素です。
歯ざわり、見た目、風味を変える。
これで、毎日同じ野菜を使っても、楽しくいただけます。

カリフォルニアコブサラダ風

〈切り方〉

- レタス…せん切り
- きゅうり…ピーラーで皮をところどころむき、1cm幅の輪切り
- ミニトマト…くし切り

〈マスタードドレッシング〉

- 粒マスタード…大さじ1
- オリーブ油…大さじ1
- ヨーグルト…大さじ1
- 塩…少々

定食サラダ風

〈切り方〉

- レタス…ちぎる
- きゅうり…斜め薄切り
- ミニトマト…横半分切り

〈しょうゆドレッシング〉

- しょうゆ…大さじ1
- サラダ油…大さじ1
- 酢…大さじ1
- 塩、こしょう…各少々

シーザーサラダ風

〈切り方〉

- レタス…くし切り
- きゅうり…ピーラーでむく
- ミニトマト…横半分切り

〈マヨチーズドレッシング〉

- マヨネーズ…大さじ1
- 粉チーズ…大さじ1
- 酢…小さじ2
- オリーブ油…小さじ1
- 塩、粗びき黒こしょう…各少々

一日に摂る栄養の1/2を先取り

オイル蒸し野菜

野菜を食べたい。でも、昼も夜も外食が多くて、なかなか野菜が摂れない。そんな方は、一日の野菜を朝に先取りしてはいかがでしょう。下の3つの野菜は、どれも栄養効率がいい優秀野菜。ビタミンA、C、E、食物繊維、抗酸化物質も豊富です。

しかも、ほかの野菜に比べて水分が少なく、身がぎっしり詰まっているので、野菜でお腹が満足。一度味わったらクセになりますよ。前日に作っておけば、朝はただ食べるだけでOKです。

ブロッコリー（200g）
ビタミンA…134μg
ビタミンC…240mg
ビタミンE…6.3mg
食物繊維…8.8g

かぼちゃ（300g）
ビタミンA…990 μg
ビタミンC…129mg
ビタミンE…16.2mg
食物繊維…10.5g

赤パプリカ（150g）
ビタミンA…132 μg
ビタミンC…255mg
ビタミンE…8.0mg
食物繊維…2.4g

※データはいずれも、それぞれ野菜を蒸した場合の数値です

材料（作りやすい量）

・かぼちゃ…1/4個（300g）
・赤パプリカ…1個（150g）
・ブロッコリー…1株（200g）

A
水…1/4カップ
サラダ油…大さじ1
塩…ふたつまみ

作り方

ゆったり30分

〈下準備〉
かぼちゃ…2cm厚さのくし切り
パプリカ…乱切り
ブロッコリー…小房に分け、茎は根元を除いて一口大に切る

①野菜1種類ずつ蒸す。フライパン（20cm）に野菜を並べ、Aをかけてフタをし、中火にかける。
②煮立ったら弱火にし、かぼちゃは6分、パプリカは1分、ブロッコリーは3分、それぞれ加熱し、火を止めて5分蒸らす。
③保存容器に汁ごと入れて冷蔵する。

3日間でどう食べる？

上のレシピは、アレンジしやすいようあえて味を薄めに仕上げます。義務的にならず、毎日味を変えて楽しんで。あまりにおいしいから、夜ごはんにも食べてしまいたくなりますが、そこはぐっと我慢して、朝のために残す勇気を。

1st days 温野菜サラダ

レンジで温め、ヨーグルトドレッシングをかければ、タンパク質も乳酸菌も摂れます。ドレッシングは、ヨーグルト（大さじ3）、オリーブ油（小さじ2）、塩（小さじ1/4）、こしょう（少々）でできあがり。

2nd days マヨチーズグラタン

野菜を器に入れ、マヨネーズ、ミックスチーズを上から散らします。オーブントースターやレンジで、チーズがとろりと溶けるまで温めれば、野菜だけとは思えないごちそう感が。

3rd days ポタージュスープ

野菜を鍋に入れてフォークで軽くつぶし、水、牛乳、塩少々を加えて温めます。こしょうで味をととのえたらあっという間に完成。飲みやすいのに栄養はたっぷりです。

すーっと体にしみてくる、ほっこり汁物の朝ごはん

汁物の朝ごはんのいいところ。

それは、簡単に作れるのに、食後にしっかり満足感がある、というところです。
ごはん1杯やパン1枚に汁物を添えるだけで「あ〜食べた!」
という気持ちになったことは、きっと誰にでもあると思います。
でも、ごはんやパンがなくても、ただ、スープを一口飲むだけで、
朝の体は、何かを「取り戻す」ように潤って、満たされていきます。

それは、眠っている間に失われた水分やミネラルだったり、
あわただしい日々に腰を据える、どっしりした心だったりするのかもしれません。

朝起きたら何も考えず、いつもの鍋に1カップの水を入れてわかす。
または、ポットのスイッチを押し、お湯のわくシュンシュンいう音を聴く。
「食文化は火をつけることから始まった」と言われるように
一日の営みを始めるにふさわしい動きが、汁物作りのプロセスにはあります。
そんな行動を習慣にできてしまえば、毎日のオープニングに、
お腹から全身にしみわたる、深い満足感を味わえるのです。

汁物の朝ごはんのメリット

・寝ている間に汗をかいて失った、水分やミネラルをしっかり補える。
・水分を吸収することで、腸の蠕動運動を活性化させ、便秘解消にもつながる。
・汁物の中に主食や野菜などを入れることで、簡単に栄養バランスのとれた一品が作れる。

わが家亭

いらっしゃい!!

一口だけでも飲んでおきたい

うちの味噌汁

和食がユネスコ無形文化遺産に認められたのは「だし」の功績が大きいと言われています。

とはいえ、難しいことは必要ありません。日本の水道の蛇口から出るのは、素材のうまみを引き出しやすい軟水。だから、夜に昆布などの「だしの素」を水につけるだけで、

朝になると最高のだしができあがっているのです。

だしも味噌も、地域や家庭によって特徴があります。お好みの組み合わせで、あなたの家だけのおいしさを見つけてください。

材料（1人分）

ササッと5分

- 豆腐…50g
- 長ねぎ…30g
- うちのだし（下記参照）…1カップ分
- 味噌…大さじ1～2

作り方

①豆腐は大きなさいの目に切る。長ねぎは小口に切る。

②鍋（16cm）にだしを入れて中火にかけ、煮立つ前に豆腐、ねぎを加えて弱火で2～3分煮る。

③味噌を溶き入れ、火を止める。

「うちのだし」を作りましょう

「うちの味噌汁」の味の土台になる、「うちのだし」を作ってみましょう。「ベースだし」と「あと入れだし」を組み合わせるとうまみたっぷりですが、だしをとる時間がなければ、「あと入れだし」だけでもいいお味に。

ベースだし

ベースだしは、昆布、煮干しがベース。慣れてきたら合わせてみるのもおすすめです。昆布は「すっきり上品味」、煮干しは「濃厚親しみやすい味」なので、具材によって変えるなど、楽しんで使いましょう。

昆布

水1カップに2～3cm角の昆布を入れて一晩おくだけ。

煮干し

水1カップに頭と内臓を取った煮干しを2～3本入れておくだけ。

＋

あと入れだし

ベースだしで作った味噌汁の最後にトッピングすれば、うまみが増幅。ベースだしを使わない場合は、なるべくこちらをたっぷり入れて汁にうまみをプラスしましょう。

ごま

ちりめんじゃこ

わかめ

のり

削り節

桜えび

ベースだしに合わせるとより本格的に！

味噌汁の具材カレンダー

おかずがさみしいときは、肉系の具でボリュームアップ。まな板さえ出すのがおっくうな朝は、ちぎった野菜で作る。起きたときのシチュエーションに合わせて具を選べる柔軟さも、味噌汁の魅力のひとつです。

4 なす しょうが 	5 大根 貝われ菜 	6 わかめ（乾燥） 豆腐 	7 大根 わかめ（乾燥） 
11 小松菜 にんじん 	12 トマト ブロッコリー 	13 ごぼう にんじん 	14 オクラ かぼちゃ 
18 しめじ（割く） 水菜（ちぎる） 	19 もやし レタス（ちぎる） 	20 ミニトマト （軽くつぶす） アスパラ（折る） 	21 キャベツ（ちぎる） しいたけ（割く） 
25 豚バラ 大根 	26 ちくわ オクラ 	27 ハム 水菜 	28 納豆 わかめ（乾燥） 

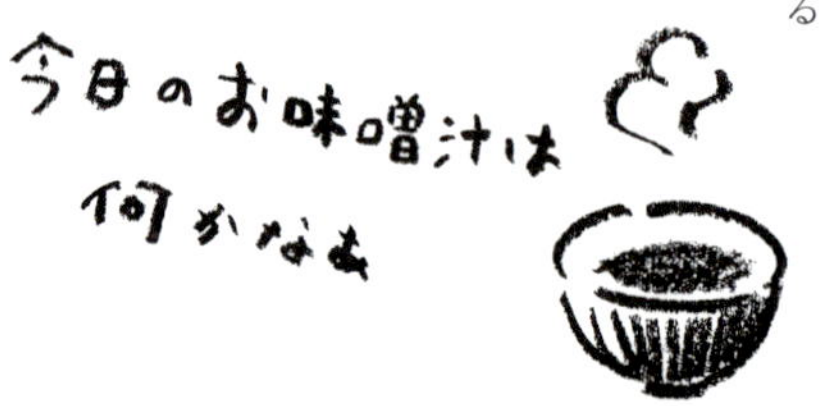

ズボラーさんの平謝り

味噌パックのフタを開けて、お玉で味噌をすくう。これがまずめんどうだ、という致命的な私。味噌汁を作る資格もないですよね。それでも朝は味噌汁でしょ！ という執念で、前日の夜、味噌大さじ2と削り節をラップにくるんでボールにしてます。これをポトンと鍋に落とすだけ。

1 週目 定番落ち着く シンプル味噌汁	1 豆腐 油揚げ 	2 大根 油揚げ 	3 キャベツ わかめ（乾燥） 
2 週目 繊維たっぷり 野菜味噌汁	8 じゃがいも 玉ねぎ 	9 えのき のり 	10 キャベツ えのき 
3 週目 まな板不要 ラクすぎ味噌汁	15 キャベツ（ちぎる） ミニトマト （軽くつぶす） 	16 水菜（ちぎる） わかめ（乾燥） 	17 もやし 万能ねぎ （はさみで切る） 
4 週目 ごはんが進む おかず味噌汁	22 玉ねぎ ソーセージ 	23 大根 ちくわ 	24 ベーコン レタス 
5 週目 たまにはいいよね 冒険味噌汁	29 玉ねぎ ツナ 	30 セロリ かにかま 	31 きゅうり パプリカ 

鍋を使わず器で作れる

温冷どちらでもスープ

朝のスープは体へのごほうび。スープで体が喜べば、自然と元気が取り戻せます。元気な体と疲れた体で見える世界の違い。これは、多くの方がすでに体感していることだと思います。

今回は、火を使わずに作れて、温冷どちらでもおいしく飲めるスープにしてみました。

豆腐と梅干しのスープ

材料（1人分）

- 絹ごし豆腐…1/3丁（100g）
- A うちのだし（または冷水）…1/2カップ
  塩、しょうゆ…各少々
- 梅干し…1個
- 万能ねぎ（小口切り）…2本分

作り方

ササッと 3分

①器に豆腐を入れてフォークでよくつぶす。Aを少しずつ注ぐ。

②種を取って粗くちぎった梅干し、万能ねぎを散らす。

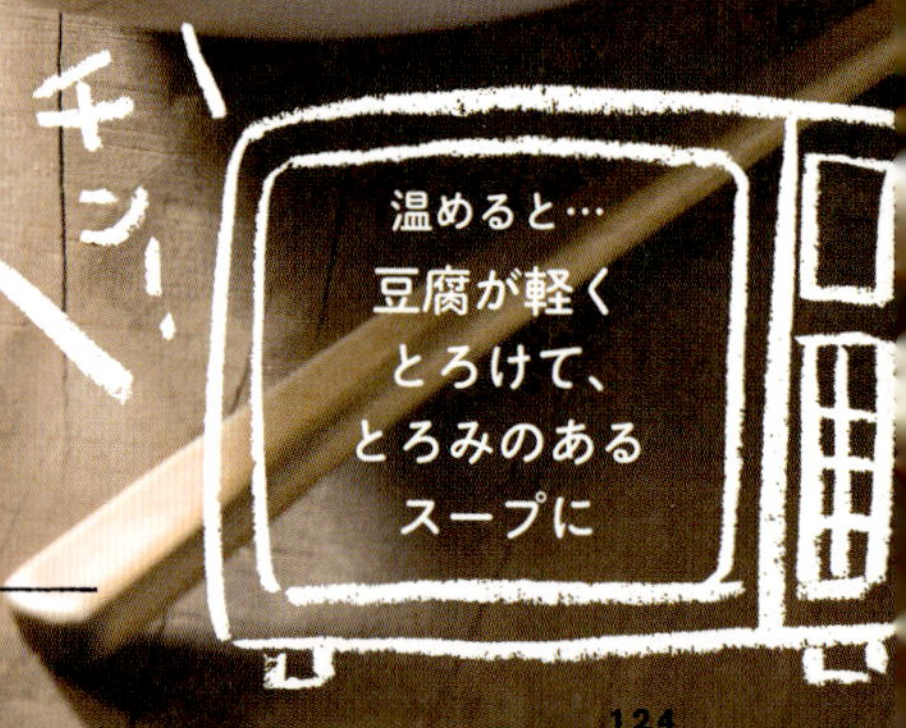
チン！
温めると…
豆腐が軽く
とろけて、
とろみのある
スープに

トマトとベーコンのスープ

ササッと 5分

材料（1人分）

- トマト…1個（150g）

A
うちのだし（または冷水）…1/4カップ
塩…ふたつまみ
オリーブ油…小さじ1～2
砂糖…ひとつまみ

- こしょう、レモン汁…各少々
- ベーコン…1枚

作り方

①ベーコンは5㎜幅に切る。耐熱皿にペーパーを敷いてベーコンをのせ、レンジで1～2分。カリカリになるまで加熱する。

②トマトはすりおろして器に入れ、Aをひと混ぜする。

③こしょう、レモン汁をふり、ベーコンをトッピングする。

ペタペタ

チン!
温めると…
トマトの酸味が
飛んで、
甘みが強く
感じられる

しょうがと豆乳のスープ

ササッと 3分

材料（1人分）

- 豆乳…1カップ
- 刻みごま…大さじ2
- しょうゆ…大さじ$\frac{1}{2}$
- カレー粉…小さじ$\frac{1}{2}$
- しょうが（すりおろす）…1かけ分

作り方

①器にごま、しょうゆ、カレー粉を入れてよく混ぜ、豆乳を注ぐ。しょうがを散らす。

チン
ワクワク
ワクワク
温めると…
しょうが、
カレー粉の風味を、
よりスパイシーに
感じられる

お湯で割るだけ！即席スープ

トマト味噌バター

味噌…大さじ1
ミニトマト（軽くつぶす）…2個
バター…小さじ1/2

器に具材を入れたら、あとはお湯を注ぐだけ。カップスープのように簡単だけど、ちゃんと手作りのスープです。ちくわや万能ねぎは手でちぎって入れる。これで包丁を使わなくてもＯＫ。書いてある分量は、１カップ（２００㎖）のお湯を注ぐときのもの。濃さはお好みで調整してください。

ザーサイわかめしょうゆ

しょうゆ…大さじ1
ザーサイ…10g
わかめ（乾燥）…少々

ゆかり貝われちくわ

ゆかり…小さじ1
ちくわ…1本
貝われ菜…少々

ピリッ

のり塩ねぎこしょう

朝食のり…4枚
塩、万能ねぎ、こしょう…各少々

カレーコーン＆オイスターごま油

ホールコーン…大さじ2
オイスターソース…大さじ1
カレー粉、ごま油…各少々

ズボラーさんの平謝り

ここにある、ちくわを使った簡単スープ。ズボラすぎる私は「あえてちくわをちぎらず使う」に挑戦してみました。ちくわをストロー代わりにスープを飲んで、ときには、ちょっとちくわをかじって。うん。予想通り、むなしくなりました。みなさん、まねしないでね。

いらっしゃいませ。朝は食欲があまりない、朝からもぐもぐ嚙みたくない。そんな方でも朝から満たせるのが、そう、こちらのドリンクメニューです。ふつうの飲みものにひと工夫した、パッと目が覚めて、充実感のある飲みものをご用意しました。

電子レンジで作れます

朝カフェに何を飲む？

これだけでも飲んで行きなさい

フルーツティー

紅茶にフルーツを混ぜただけ。でも、酵素やビタミンが豊富。

材料（1人分） ササッと5分

- りんご、オレンジなどのフルーツ…50～60g
- 紅茶（クセのないアッサムがおすすめ）…ティーバッグ1個
- 水…130～150㎖

作り方

①フルーツは薄切りや一口大に切る。

②マグカップに材料をすべて入れ、ラップをしてレンジで2分加熱する。そのまま1分蒸らし、ひと混ぜする。

なんか頭が冴えてきた！
これ、飲みごたえあるねぇ〜

スパイシーカフェオレ

カフェオレに、こしょうとシナモン。スパイスが体を長い時間温めてくれるので、寒い冬にもってこいです。

ササッと2分

材料（1人分）

- 牛乳…1カップ
- インスタントコーヒー…大さじ1
- 砂糖…小さじ2
- シナモン、こしょう…各少々

作り方

①マグカップに材料を入れて混ぜ、レンジで1分半加熱する。

濃いホットチョコレート

ココアではなく、多めのチョコレートで作るから濃い！脳にしみ入る糖分。頭を使う日の朝にぜひ。

ササッと3分

材料（1人分）

- 牛乳…3/4カップ
- チョコレート…30〜40g
- 砂糖…小さじ1

作り方

①チョコレートは手で折ってマグカップに入れる。牛乳1/4カップ、砂糖を加えてレンジで1分加熱してよく混ぜ溶かす。

②残りの牛乳を加えて混ぜ、さらにレンジで1分加熱し、お好みでこしょうを振っていただく。

もっと自由に！

アレンジアイデア集

これまで紹介した朝ごはんをより楽しんでいただくために、アレンジメニューを用意しました。2回目に作るときや、変化がほしいときなどにご覧いただき、朝ごはんを、もっと自分の好きなおいしさで、自由に食べるヒントにしてみてください。

1
P22

スクランブルエッグ

この、とろとろ食感をさらに
おいしくする方法、
それは独創的な
食感を付け足すことでした。

・ドライフルーツ
・クラッカー
・ゆでブロッコリー

2
P26

はじけるオムレツ

中に入っているもので、
オムレツは大きく変化します。
たまには甘いオムレツなんて
どうですか？

・りんごジャム
・オイスターソース
・レトルトカレー

3
P25

塩卵

卵を漬ける際に、下の調味料を
少量加えると、風味がついて、
お弁当や添えものでも存在感を
発揮します。

・粗びき黒こしょう
・カレー粉
・酢

4
P28

巻かないだし巻き卵

だしは海のもの。
だから、海産物との相性は抜群。
子どもには甘めの味付けも
喜ばれます。

・ちぎったのり
・ちりめんじゃこ
・砂糖

5

P47

手作りバター

できあがったバターに
ひと味プラス。
トーストにひと塗りするだけで
あっという間にごちそうに。

——

・レーズン、くるみ、メープルシロップ

・シナモン、黒砂糖

・にんにくとパセリのみじん切り

6

P48

一晩寝かせた サンドイッチ

本編では、おもに熟成系の具を
紹介しましたが、
こんな組み合わせもおすすめです。

——

・ポテトサラダ、ハム

・ミートソース、スライスチーズ

・バナナ、ピーナッツバター

7

P52

一夜漬け フレンチトースト

コーヒーや紅茶の風味でどれだけ
味が変わるか、ぜひお試しを。
ジュースに漬けるという冒険だってアリ。
なんせ自由ですから。

——

・コーヒー牛乳

・ミルクティー

・オレンジジュース

8

P56

春巻きの皮 ラップサンド

しょっぱい具材で食べたあとは、
甘い具材でデザートにしても
クレープみたいで美味でございます。

——

・あんこ、スライスチーズ

・ジャム、クリームチーズ

・軽くつぶしたバナナ、板チョコ

9
P58

フライパンブレッド自由形

パン生地に、別の具材を混ぜて焼く。
だいたい何でもまとめてくれるのが、
パンのすごいところです。

——

・くだいた板チョコ

・角切りハム、またはざく切りベーコン

・インスタントコーヒー、砂糖

10
P72

巻きおにぎり

買ってきたお惣菜を具材にすれば、
さらにラク。
チップスをマヨで和えるという、
斬新な味もおすすめです。

——

・から揚げ

・ポテトサラダ

・トルティーヤチップス&マヨネーズ

11
P76

火を使わない3分丼

紹介した丼のちょい足し、
ちょい変えアイデア。
食べている途中で投入してもOKです。

——

・トマトチーズツナ丼→
フレンチドレッシング、おかかしょうゆ

・わかめ豆腐明太丼→柚子こしょうをプラス、
明太子を鮭フレークに替えても

・アボカド柚子こしょう丼→ラー油

・ザーサイじゃこナッツ丼→レーズン、
クリームチーズ

12
P94

朝パフェ

カステラ、コーンフレークの
代わりに「あらかじめ完成された甘いもの」を
使って作るのも、これまた豪華。

——

・クリームパン

・チーズケーキ

・シュークリーム

15

P104

ハンドメイドエナジーバー

ほんのり塩味のする
これらの具材。
少し混ぜれば、シリアルの甘みが
引き立ちますよ。

・ポップコーン

・炒り大豆

・のり

13

P97

マグカッププリン

プリンだけだと味気ない。
それなら、これらをのせて
豪華にいきましょう。

・フルーツミックス缶

・黒糖

・おろししょうが、はちみつ、レモン

16

P116

オイル蒸し野菜

まだまだ、
オイル蒸しに合う野菜は
たくさんあります。
摂りましょう、野菜！

・れんこん

・キャベツ

・さつまいも

・ズッキーニ

14

P113

もむだけスムージー

ちょっとつぶすのに
手間はかかりますが、
想像通りのおいしさですよ。
甘さはお好みで。

・豆腐、バナナ

・白桃缶、ヨーグルト

・トマト、アイスクリーム

おはようございます。

目覚めの気分はいかがですか？

大好きなもの、おいしいものを食べて、

心も体も元気になったあなた。

きっと、しあわせな一日が待っているでしょう。

気をつけて

行ってらっしゃい。

おかえりなさい。

今日はどんなことがありましたか？

そんな今日を「よいしょ」と踏み越えて

明日の朝は、何を食べたいですか？

おいしいものがいいですね。好きなものがいいですね。

今日も一日、よくがんばりました。

おやすみなさい。

一日が しあわせになる 朝ごはん

2015年10月14日　第1刷発行
2016年9月21日　第11刷発行

料理　小田真規子
文　大野正人

AD　三木俊一
デザイン・イラスト　仲島綾乃（文京図案室）
撮影　志津野裕計、大湊有生、石橋瑠美（クラッカースタジオ）
スタイリング　本郷由紀子
調理スタッフ　大河原さち、清野絢子、岡本恵（スタジオナッツ）
校正　株式会社ぷれす
協力　伊藤源二郎、植谷聖也、大橋弘祐、大場君人、
下松幸樹、菅原実優、須藤裕亮、竹岡義樹、芳賀愛、
林田玲奈、樋口裕二、古川愛、前川智子
編集　谷綾子

発行者　山本周嗣

発行所　株式会社文響社
〒105-0001　東京都港区虎ノ門1-11-1
ホームページ　http://bunkyosha.com
お問い合わせ　info@bunkyosha.com

印刷　株式会社廣済堂
製本　大口製本印刷株式会社

ISBN 978-4-905073-19-2
Printed in Japan
この本に関するご意見・ご感想をお寄せいただく場合は、郵送またはメール（info@bunkyosha.com）にてお送りください。

小田真規子（おだ まきこ）

料理家、栄養士。スタジオナッツを主宰し、レシピ開発やフードスタイリングの他、中学校家庭科教科書（平成28年度）の制作・監修などさまざまな食のニーズに幅広く携わる。「誰もが作りやすく、健康に配慮した、簡単でおいしい料理」をテーマにした著書は90冊に上り、料理の基本とつくりおきおかずの本は、シリーズ化されベストセラーに。雑誌「オレンジページ」「エッセ」や、NHKテレビ「きょうの料理」「あさイチ」では定期的にコーナーを担当し、わかりやすいレシピにファンも多い。著書に『料理のきほん練習帳（1・2）』（高橋書店）、『つくりおきおかずで朝つめるだけ！ 弁当（1〜4）』（扶桑社）、『この「ほめ言葉」が聞こえるレシピ』（文響社）など。

大野正人（おおの まさと）

文筆家。絵本作家。1972年東京都生まれ。論理的かつ深い視点から、誰にでもわかりやすく執筆する技術を持ち、携わった書籍の累計売上は250万部を超える。児童書『こころのふしぎ なぜ？ どうして？』（高橋書店）を含む「楽しく学べるシリーズ」は累計160万部を突破。著書に『夢はどうしてかなわないの？』『命はどうしてたいせつなの？』（汐文社）など。